アイデアの接着剤

水野　学

朝日文庫

本書は二〇一〇年十月、小社より刊行されたものです。

Prologue

アイデアの接着剤

アイデアをかたちにすること。

商品の一番よいところを、一番よく伝えること。

「ああ、これ、いいな、ほしいな」という、人の感情と欲望をかきたてること。

「世の中に商品を、自分の会社を、印象づけたい」という企業のニーズを満たすこと。

そして、最終的にはそのデザインによって、世の中をよくすること。

これがアートディレクターである僕の仕事です。

ところで、僕は一度たりとも「アイデアを生み出した」ことがありません。

これから先も、「アイデアを生む」なんてことは、おそらくないと思っています。

僕の仕事は、世界に無数に転がっている、アイデアのかけらとかけらを拾い集め、ぴったり合うものを、くっつけることだから。

ときには、違和感があるかけらとかけらを組み合わせ、思いもよらぬ新しいエネルギーが生まれるのを、見届けることだから。

ぴったり合うにしろ、違和感があるものにしろ、アイデアのかけらとかけらをくっつけたとき初めて、新しいアイデアが生まれるのだと思います。

その意味で僕の仕事は、アイデアの接着剤となることです。

アイデアのかけらは、たいていちっぽけで、ごく平凡です。

古いものだったり、汚れていたり、ちょっと欠けていたりします。転がっているときは、まったく目立たないことが多いのです。

アイデアのかけらは、ありふれた情報だったり、ガラクタのごとき雑多な知識だったり。

だから「役に立つわけがない」と決めつけ、拾おうとしない人が、ほとんどかもしれません。

実のところ、そこら中に転がっているアイデアのかけらに、目をとめることすらなく通り過ぎる人は、とても多いようです。

それは多くの人が、「アイデアを生む」「発想する」というプロセスを、特別な魔法か天啓のように見なしているためでしょう。

無から有を生み出す奇跡、それが「創造」だと決め込んでいるから、「何の材料もなしに、まっさらな自分の頭にだけ頼るのが尊い」と思い込んでしまいます。

しかし、まっさらな人間の頭とは、それほどすばらしいものでしょうか？

僕の頭は当然のこと、失礼を承知で言えばあなたの頭だって、この世界に比べれば、はるかにちっぽけです。個人の頭の中、たった一人の思考は、決して無限の宇宙なんかじゃないと僕は思っています。

古代から今この一瞬に至るまでの、あらゆる人の、あらゆる「アイデアのかけら」が混沌として存在しているこの世界のほうが、僕たちの頭の中より、はるかに広大である、僕はそう感じているのです。

小さな思考の枠に閉じこもって一人でうなっているより、世界に出かけていったほうが、はるかに確実に、ゴールに近づくことができます。

だからこそ、アイデアを生むより宝探しをしたほうが、よりすばらしいものが出来上がると、僕は信じています。

ただし、厳密に言えば、たった一つの宝物たる「かけら」を探すというのは、ちょっとニュアンスが違います。部屋中に散らばった積み木を、小さな子どもが、片っ端からおもちゃ箱に放り込むような感覚で、僕はアイデアのかけらを集めています。

なんとなく近くにあるもの、遠くにあるものという違いはありますが、「必要なもの」と「いらないもの」の区別はしません。なんでもかんでも、ぽんぽん拾い上げます。

――そのときは「いらない」と思ったかけらが、あとから重要になる。

――冴えない地味なかけらが、あるかけらと組み合わせると、俄然、生き生きとする。

こうした思いがけない発見は、僕にとって、わくわくする冒険でもあります。

結局のところ、上質な「アイデアの接着剤」があれば、どれほど異質な素材であろうと、くっつけられるのです。

これもまた、僕一人が生み出した考えではありません。

人から聞いた話ですが、そもそも「イノベーション：innovation」という言葉は、まったくゼロから何かを生み出すということではなく、すでにある意外なもの同士を結びつけ、新しい何かをつくり出すという意味だといいます。

たとえば、やかんが沸騰したとき、シューシューとフタが浮き上がる現象は、珍しいものではありません。車輪によって、重いものを運ぶのも、馬車を使っていた昔から行っていたことです。

しかし、これまで何の関連もないように思われていた、この意外な二つの力を結びつけたことで、蒸気機関車は生まれました。

意外なかけらとかけらの組み合わせから、思いがけないアイデアは生まれます。

そのためにも僕は、いつだって自分をリセットし、おろしたての新品の接着剤でありたいと願っています。キャップを力一杯こじ開けねばならないほど固まったり、べっとりこびりつくしかない、そんな古びた接着剤なんてまっぴらだから、日々、精進を重ねようと誓っています。

アイデアとは、僕のようないわゆる「クリエイター」と呼ばれる職業だけに関係することではありません。

どう遊ぶか。
どう働くか。
どう生きるか。
どんな人にも日々、アイデアは必要です。企画、プレゼンテーション、営業戦略など、あらゆる仕事の現場にも、アイデアは欠かせないものでしょう。

本書は、そんなニーズに応えるための本です。

本書では、アイデアのかけらを拾い集め、選び取り、組み合わせて、新しいアイデアをつくる方法をシェアしたいと思います。

一度やってみると、これはたいそう面白くて、夢中になります。

だからこそ、僕はこれまでいろいろな仕事ができたのだと思いますし、これからも新しいチャレンジを続けていけるのだと思います。

あなたにもぜひ、そんな喜びを味わっていただけたら、著者としてこれほど幸せなことはありません。

目次

Prologue　アイデアの接着剤　3

第一章　人と人

接着剤　その1　コミュニケーション

約束とは、信頼と安心をつなげること　22
礼儀とは、その場で与えられた役割を演じきること　25
自主性とは、絆創膏を用意するのではなく、けがをさせないこと　28
「五一：四九」で物事を見る　31

自分の肩書のみで思考しない　34
疑う×知る×伝える＝考える　37
クリエイターである前に、「良質のビジネスパーソン」であれ　42
お金の流れから、アイデアを見つけ出す　45

接着剤　その2　客観性と主観性のザッピング

スムーズな仕事の秘訣は、客観性を保つこと　52
自分の中の「客観性」を鍛える　56
客観⇕主観の自由な行き来が、可能性を広げる　61
頼まれていないプランを立てる　66
「井の中の蛙」の罪は、海に行こうとしなかったこと　72
「スランプ込みの自分」をコントロールするのがプロ　77

パソコンに向かうのは、「一日三時間」と決める　80

接着剤　その３　「大義」をもって仕事をする

目的地がわからないまま、歩き出してはいけない　86
仕事には「目的」と「大義」がある　91
「成功の定義」を広げてみよう　97
恥と見栄を捨てれば、本物の自尊心が顔を出す　102
デザインの目的は「よく見せること」でなく、「よくすること」　105
すべては理性と感性でできている　108

第二章　知識と知識

接着剤　その4　「知識＋知識」のイノベーション

知識の結合をイノベーションにつなげる　114
ヴィジュアルで思考し、言葉でテーマを育てる　117
あてどない「ひらめき貯金」を最後におろす　123
プレゼンのうまい発明が、歴史に残る　126
一〇より一〇〇案、一〇〇より一〇〇〇案を目指す　129
悩む時間を減らして完成度を上げる　132
「自分の仕事」になったとき、アイデアは浮かんでくる　135
ビジネスツールは携帯電話だけでいい　138
仕事と遊びのけじめをつけない　141

接着剤　その5　「洞察力」を研げば「切り口」が変わる

マーケティングは仮説の説得材料にすぎない　145
マーケティングより大切なのは、「なぜ、どうして？」　150
飽きっぽさを探究心につなげる　153
プロジェクトを台本にし、商品を擬人化する　156
「そうかな？」より「そうだよな」で共感力をつける　161

第三章　ヒットのつくり方

接着剤　その6　インプットの質を高める

頭の中に何百もの引き出しをもつ　168
好奇心を忘れずにテレビを見まくる　173

雑誌とテレビは、「情報の源流」を意識してインプットする　176
一年で四〇年分の音楽を聴く　181
気の合わない友だちこそ面白い　184
アプローチは直球でいく　187
本は「一〇〇年分の捏造」に価値がある　190
旅をして、情報と経験を混ぜ合わせる　193
「得意なこと」を失ったときが成長のチャンス　196

接着剤　その7　時代の「シズル」を嗅ぎ分ける

商品力＋シズルの演出×時代性＝ヒットの公式　200
シズルは「らしさ」の演出である　203
時代性というエッセンスのつくり方　208

デファクトスタンダードを生み出せば、世の中が変わる　211
三分の一の新しいファンに向けて変化を続ける　216
「これだ！」と思うものは、腰を据えて売り続ける　221

Epilogue　価値観を変えてくれるのは、いつも「人」　224

文庫版あとがき　228
解説　長嶋　有　232

アイデアの接着剤

第一章　人と人

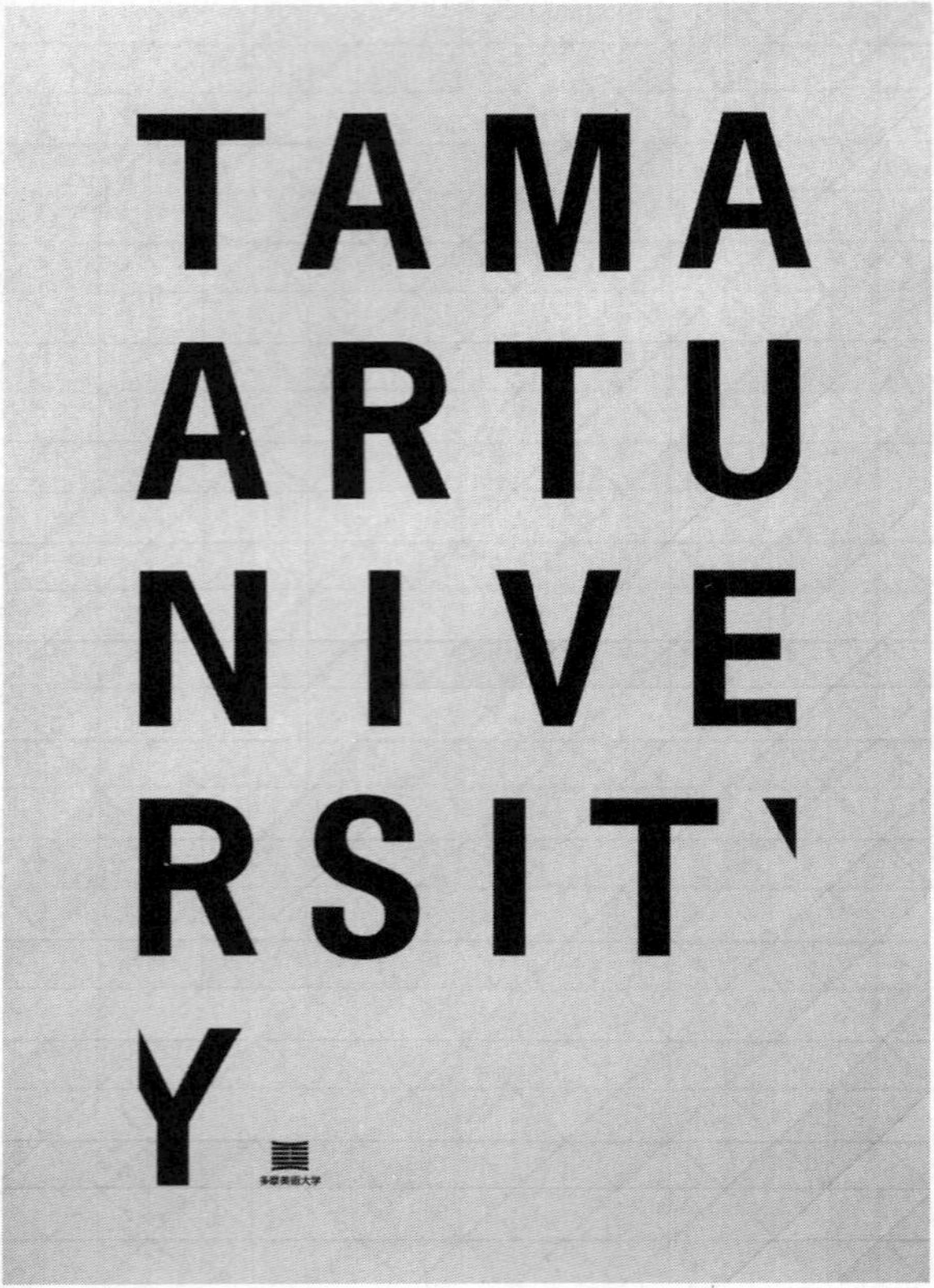
TAMA
ARTU
NIVE
RSIT`
Y
多摩美術大学

接着剤　その1　コミュニケーション

すばらしいアイデアも、伝わらなくては意味がありません。
人に伝える力、相手とかかわる力がなければ、
どんな仕事もできません。
誰かがもっている「アイデアのかけら」をもらうために。
アイデアをクライアントに伝えるために。
アイデアを顧客、そして社会に伝えるために。
コミュニケーションは、大切な接着剤となります。

約束とは、信頼と安心をつなげること

僕の仕事において大切なのは、「人・デザイン・お金」。

仕事をするうえでの三大要素であり、優先順位もこの並びです。

人とかかわることが、いかなるプロジェクトにおいても一番大切であり、人をおろそかにしては、どんなに優れたプランも花開くことはありません。

「では、人ときちんとかかわるには、どうすればいいのだろう？」

こう考えたとき最初に浮かぶ答えは三つ。一つ目は「約束を守ること」です。

ボールペンという商品を例に、考えてみましょう。

人は無意識であっても、「このペンは使えるだろう」という信頼に基づいて、ボールペンを買います。インクは出るだろうし、少なくとも爆発はしないだろうと信じて、お金を払っているのです。

ところが、そのボールペンが「絶対に」最後まで使い切れるか、「絶対に」途

中でインク漏れがしないかどうかは、わかりません。だから人によっては、信頼の先にある安心を追求して、前にも使ったことのあるものやメーカー品を求めます。


一方、僕が扱う「デザイン」という商品は、いわば無形のものです。

デザインとは、採用して「反響があるか、売り上げに結びつくか、企業イメージがよくなるか？」と考えたとき、ボールペンよりはるかに「絶対」と言い切れる要素が少ない性質をもっています。

出してみて、売れたら正解、売れなかったら不正解。

これは買う側のクライアントも、売る側の僕も同じことです。「売れる」という可能性を高めていくことも仕事のうちですが、「絶対に正解」というデザインはなかなかありません。

だからこそ、デザインという「答えがわからない商品」を売る側の人間は、相手に信頼してもらわなくてはなりません。「この人に任せれば、大丈夫」と信じてもらわなければ、仕事が成立しないということです。

しかしこのとき、「自分を信頼してもらうために、約束を守る」という勘違いをしては危険です。自分を信頼してもらうことだけが目的だったら、それはちっぽけな自己満足。

相手が「ああ、この人を信頼して任せてよかった」と安心するような、結果を出す。このゴールまで到着したとき、ようやく約束を守ったことになるのです。

「自分を信頼してもらう」とは、約束のプロセスの一つにすぎないのかもしれません。

礼儀とは、その場で与えられた役割を演じきること

人とかかわるときに大切なことの二つ目は、「礼儀正しくあること」。

しかし、ここで言う礼儀とは、マナーの本に書かれていることとは違います。

時には「ばかやろう」と怒鳴りつけることも、礼儀。

先輩に「つまんないこと言わないでください！」と反論するのも、礼儀。

年下だろうと年上だろうと、どんな相手に対しても礼儀が必要だと僕は思っており、それは人から見れば時として「礼儀知らず」と誤解されるふるまいだったりします。

たとえば、社員が明らかに間違ったことをしたとします。マナーブック的に言えば、感情的にならず、あやまちを淡々と指摘するのが礼儀にかなった叱り方かもしれません。

しかし本当にとんでもない間違いであれば、僕は真剣に怒ります。内心はけっこう冷静でも、自分のありったけをぶち込んで怒り、あやまちを全力で正すのが

社員のため。責任をもって指導する相手への「礼儀」だと思うからです。

また、「目上の人には礼儀正しく」というベーシックは守っていますが、それはあくまでベーシック、時には崩して当然だと考えています。

先輩を囲む飲み会があったとして、みんなが礼儀正しく「おっしゃるとおりです。すごいですね」と静かに耳を傾けていたとしたら、どうでしょう?

先輩のキャラクターにもよりますが、ありきたりの相槌しか返ってこないと、「テニスの壁打ちをしているみたいで、つまらない」と退屈に感じる人もいます。

そんなときは、先輩いじり。あえてつっこみを入れたり、生意気なことを言ってみます。

先輩が「若いやつから刺激を受けたい」と願っているのであれば、その「与えられた役割」をきっちり演じきるのが、後輩としての礼儀だと思うのです。

そもそも礼儀正しくするのは、「あなたを尊敬しています」、あるいは「好意をもっています」という気持ちを表すためです。怒らせては本末転倒なので注意は必要ですが、うまくすれば「先輩いじり」は最高の礼儀になります。経営者や大企業の管理職という「偉い人」にも、時には「先輩いじり」の礼儀をもって対することがあります。

どんな場でも大切なのは「自分に与えられた役割を、正確に理解して、しっかりと演じきること」。それには、相手が何を欲しているかを察し、自分の立ち位置を客観的にとらえ、場を読まねばなりません。こう考えると、敬語を完璧にマスターするより、はるかに難しい「礼儀作法」と言えそうです。

自主性とは、絆創膏を用意するのではなく、けがをさせないこと

人とかかわるときに大切なことの三つ目は、「自主性」です。

「約束を守る」「礼儀を尽くす」とは、相手を大切にすることです。相手が仕事でかかわる人であっても、家族や恋人であっても同じです。ここで見落としてはいけないのは、**自主性をもち、常に能動的でなければ、相手を大切にするなんて、できないということ。**

もしも、あなたの大切な人が転んで、擦りむいてしまったらどうしますか？

絆創膏を用意しておき、素早く渡す。これは相手を大切にする行為でしょうか？

善意ではあるけれど、これだけでは「足りない」と、僕は感じます。

なぜなら絆創膏を常に持ち歩くとは、何かが起きてしまったときに備えるという、受け身の行動です。後手に回った受け身の思いやりだということです。

それより何百倍も大切なのは、相手が転ばないように、万端の配慮をする

こと。

つまずきそうな石ころはないか、思わぬ段差がないか、たとえ自分にとっても初めての道であってもきちんと予測し、それを相手に伝え、フォローすること。

これこそ能動的な行動であり、自主的な思いやりだと思います。

まず自分がしっかりし、さらに状況や人の気持ちを洞察できなければ、本質的な部分で相手を大切にできないということです。

仕事であれば、相手がピンチのときに手を差し伸べるのではなく、危機に陥らないように先回りできて初めて、人を大切にし、自主的に働くことができます。

約束、礼儀、自主性。人とかかわるうえで大切な三つの要素はすべて、客観的な思考の上に成り立っていると言えます。

相手の信頼を安心に結びつけ、約束を守るには、自分の感情や己の利害だけに流されない「自律の心」が必要です。

自分に与えられた役割を演じきり、礼儀を尽くすには、場の空気を読み、客観的に自分の役割をとらえる「冷静な心」が必要となります。

自主性をもつには、「予測と洞察の力」が不可欠です。

そして「自律の心」「冷静な心」「予測と洞察の力」は、客観的になったときに初めて、育まれるものです。詳しくは「接着剤その2」で述べますが、他者を見つめて客観性を育むことは、人とかかわるうえでもデザインをするうえでも、とても大切な要素だと思います。

「五一：四九」で物事を見る

デザインとは「個人の感性の表現」だと思っている人がいるとしたら、誤解です。

主観性と客観性のバランスが取れたとき、デザインは初めて仕事として成立するものです。自分の感性に従い、気ままに表現していて許されるのは、一握りのアーティストか、ビジネスとまったく関係のない子どもだけでしょう。

「自分の判断や、自分が絶対だと思うことなんて、せいぜい五一パーセントくらいしか当たっていない。あとの四九パーセントは間違っていたり、思いもしない別のことだったりする」

これは自分自身に言い聞かせ、社員にもつねづね話していることです。

逆に言えば、どんなに権威がある人の意見でも、優れている人の話でも、的を射ている部分は五一パーセントだけかもしれません。すべての物事を絶対視せず、「五一：四九」という前提で考えて、判断していく。こうすると、二つのメリットがあります。

一つ目のメリットは、柔軟に人とかかわり、楽しく仕事ができるということ。

炭酸飲料の新パッケージの相談をしていて、クライアントが「ボトルを一升瓶にしたらどうだろう？　量がたっぷりあって、お客さまも喜ぶよ」と言い出したとします。

予算や客層、自販機の流通が主という制約、炭酸飲料を一升飲むのはしんどいことなどを思えば、五一パーセントは「明らかに的外れ」の意見です。しかし、四九パーセントには何かの可能性があり、また、その人は悪意で一升瓶にしようと言い出したわけではないのです。

そこで「一升瓶、新しいですね」といったん受け入れ、「でも、新しすぎるかもしれない」と返す。「五一：四九」という前提があれば、人が「明らかに違う」という意見を言ったときも、決して全否定せずにいられます。和やかな関係のまま仕事ができるのです。

二つ目のメリットは、予想外の発想が出てくること。

かつて多くの人が「地球は一枚の板のようなもので、地の果ては断崖絶壁になっている」と思っていましたが、ピタゴラス、アリストテレス、プトレマイオスらはそれを間違っているかもしれないと考え、地球が丸いという説を唱えました。

五一パーセントとは、現在の事実や常識だったり、過去から来た定説だったりするわけです。

四九パーセントとは、不確かだけれども、未来であり、可能性です。ここに目を向けることで、次のステージが生まれるのではないかと思います。

五一パーセントの人が地球が平らだと考えているとき、四九パーセントになって「そうではない」と考えてみる。この思考法を鍛えていけば、アイデアのかけらをつなぐ接着剤となります。

自分の肩書のみで思考しない

あるプレゼンの場で、話が横道に逸れてしまったことがあります。

クライアントのAさんは、「キャンペーンポスターを公共施設に貼る許可が取れるかどうかわからない」と言い、販促物をつくる会社のBさんは「今からそんなことをやるのは大変だ」と手間について言い、別の会社のCさんは、自分の都合の話をし、という具合です。

関係ない話で、時間ばかりが過ぎていきます。そこで僕は、こんな発言をしました。

「ちょっと待ってください。話を整理しましょう。Aさんはまず許可が取れるかどうか、確認なさってください。Bさんは現場にスケジュールを確認していただく。それからミーティングしたほうが、いいんじゃないでしょうか?」

このプレゼンでの僕の肩書は「アートディレクター」です。宣伝プランを提案し、OKをもらうことが役割です。それなのに仕切り役を買って出て、交通整理

asahi bunko

朝日文庫

asahi

bunko

ポケット文化の最前線

朝日文庫

までするのは、出過ぎたことかもしれません。しかし、結果としてみんなが「そうだね、まずそれぞれ確認して、ミーティングを仕切り直しましょう」と納得してくれたのです。

今、紹介したエピソードは一例にすぎませんが、僕の基本姿勢でもあります。**一緒に仕事をする以上「自分の肩書」に固執せず、「チームの一員」としてかかわっていく。そこから関係者への思いやりも、柔軟な発想も生まれてきます。**

仕事をするときは、「クライアントから注文を受けたアートディレクター」という肩書はさっさと取り払い、「その会社の経営者」になったつもりで、どのようなクリエイティブがよいかを考えていきます。さもなければクライアントはもちろん、その先にいる顧客を満足させるものはつくれないし、さらにその先にある「社会をよくする」というデザインのゴールには、たどり着けません。

チームの一員である以上、自分の会社の社員が「業者に見積もりを出させておきます」と言おうものなら、僕は本気で怒ります。「印刷屋さん、製紙会社さん、バイク便の方、だろう！『業者』なんて絶対に呼ぶな」と、いちいち言い直させています。なぜなら、逆に自分たちが「広告をつくる出入り業者」という扱いをされたとしたら、とても嫌だからです。

肩書にこだわらず、お互いをチームとして尊重しなければ、どんなにいいアイデアのかけらが見つかっても結実せず、結局ばらばらになってしまうと思うのです。

疑う×知る×伝える＝考える

徹底的に、人について考える。

すべてのデザインの先に人がいるのであれば、これは大前提です。

何を今さら、と思う人もいるでしょう。「よく考えなさい」とは、親に、先生に、上司に、子どもの頃からずっと言われ続けてきたことだからです。

しかし、「いくら考えても、いい案が浮かばない」という人に限って、ほとんど考えていないように感じます。思うことや悩むことと、考えることを、混同しているのではないでしょうか。

「何がいいかな？」とぼんやり思っても、考えはまとまりません。

「何も浮かばない。自分はダメだ」と悩んでも、何の答えも出ないし、どこにもたどり着けません。

そんな社員がいたら、「三つのステップを踏んでごらん」と伝えるようにしています。三要素を掛け合わせてようやく、「考える」という行為が完結するのです。

第一のステップは、疑うこと。

たとえば、商品のポスターをデザインするときは、クライアントからそこに組み込むべき商品名、価格、コピー、PRの文章、問い合わせ先などをまとめた原稿が来ます。そこに記されている電話番号が「Ｔｅｌ：０３―１２３４―＊＊＊＊」だったとします。

「単なる情報なのだから、デザインとは関係ない。番号が間違っていなければいい」

こう言って素通りしてしまう人は、考えていない人です。

ここで、「なんでこの原稿は、『Ｔｅｌ』という表記になっているんだろう？これでいいんだろうか？」

いったん立ち止まって疑ってみると、そこから考えが広がっていきます。疑うとは、言葉を変えると、あらゆることに興味をもつことです。

第二のステップは、知ること。

疑いを抱いたら、それを検証していきます。もしも、その商品のターゲットがおばあちゃん世代だったら、高齢の女性について調べ、知ることが、疑いを解決する方法です。

すると、高齢の女性の多くは老眼で細かい文字が苦手だし、欧文まじりの表記にあまりなじみがないということがわかってきます。そこで、「Ｔｅｌ」がベストではないかもしれないと、考えるプロセスが一歩先に進みます。

すると、「電話番号：０３－１２３４－＊＊＊＊」と、表記を変えたほうがわかりやすいかもしれない、という発想が出てきます。あるいは、黒電話のイラストマークをつけたほうが、親切だし、全体のデザインにも合うと考えてみることもできます。

第三のステップは、伝えること。

「なぜ『Ｔｅｌ』という表記になっているんだろう？」という疑いを、「高齢の女性は老眼で、欧文まじりの表記になじみがない」という知識に照らし合わせ、「黒電話のイラストマークをつけよう」という仮説を導き出したとします。

そこでも疑いを忘れてはいけません。「自分の仮説は絶対だ」などと悦に入らずに、相手に仮説を伝えて、合っているかどうかを確かめるのです。実際、高齢の女性に聞いてみるのも一つのやり方ですし、クライアントに問題提起をするのも一案です。

もしかしたら、その商品を買うであろう高齢の女性たちは、携帯を楽に使いこなしており、海外にも頻繁に行っている豊かな層で、「電話番号っていえば、普通『Ｔｅｌ』よね」と考えているかもしれないのです。

わかりやすい例を出したので、高齢の女性＝老眼というのは、調べるまでもない常識かもしれません。しかし、世の中には、知らないことがたくさんあります。

最近、僕は子どもを乗せるお母さん向けの自転車のデザインを手がけているのですが、「ママチャリ」についてたくさんの疑いと興味が湧いても、それを検証する知識が圧倒的に不足しています。自転車の各部の名称もわからないし、世界にどんな自転車があるかも知らない。子どもを乗せるお母さんのニーズも、クライアントから資料として渡された範囲でしか理解していないのです。

しかし、疑い、興味をもったことをきっかけに、自ら調べて知ることができます。製造している人に聞き、乗っている人に聞き、街で見かけたら観察します。そうした知識は、仕事とは関係なく自分の中に蓄積されていき、またいつか、生きてくると感じています。

伝えて、フィードバックをもらえば、その知識はより正確になります。そこからまた、新しい発想も出てきます。「全然、違いますよ」と言われれば、「どうして違うんだろう?」と考えることがもう一つ増えて、楽しくなります。

「思う」「悩む」という、自分の中に課題を内包しているやり方では、広がりは生まれません。自分の疑問を外の世界に出し、人に興味をもってぶつかっていくことが、柔軟に考える方法だと思います。

クリエイターである前に、「良質のビジネスパーソン」であれ

さまざまな企業の人と一緒にものをつくり上げていく過程では、「いいキーマンと悪いキーマン」に出会います。クライアントによっては、経営者自らプロジェクトにかかわりますが、大企業だとプロジェクトごとに担当者がいます。彼らはキーマンであり、ビジネスとデザインをつなぐ大切な役割ですが、二つのタイプに分かれます。

いいキーマンは、一緒につくり上げた企画を「会社の決定」までもっていってくれます。

NTTドコモの携帯電子マネー『iD』でご一緒した夏野剛さんは、尊敬してやまない、理想のキーマンです。

なんといっても決断が早い。「餅は餅屋」ということを理解しているから、アートディレクターである僕に任せられる部分は、全部任せてくれます。「最後は自分が全部責任を取る」という腹がすわった剛胆な親分肌でもあります。それで

いて、部下が気軽に話しかけられるチャーミングさももっているのです。夏野さんを見ていると、**「良質のビジネスパーソン」であることが、すべての仕事の鍵であるとわかります。**

夏野さんほどではなくても、いいキーマンは、現場で「これはすばらしい！」と盛り上がった企画が上司に却下されたとき、ダメな理由をきちんと話してくれます。

僕が嫌だな、と思うキーマンは、意見をころころ変える人。打ち合わせをしていたときには「このコンセプトでいこう」と合意したのに、上司にダメ出しされたとたん、「やっぱり私も、このコンセプトはよくないと思います」と、意見を変えてしまうのです。

すべてのプロジェクトは、出発点にも到着点にも、通過点にも人がいます。

アイデアのかけらをつなぎ合わせ、新しいものをつくるのはアートディレクターである僕の大切な仕事ですが、最終的に「世の中をよくすること」というデザインの目的をかなえるには、「よき人であること」が何より重要だと感じます。

そのために、自分自身を人として磨いていきたいし、社員にも、人としてすてきな人になってほしい。グッドデザインカンパニーがいろいろな表現を生み出しているのは社員の力の結集であり、僕は彼らの「親」だから、トラブルが起こったときには、真っ先に体を張る覚悟です。だからこそ、ただ「ほめて育てる」なんてことは言いません。おかしなふるまいをすれば叱るし、センスが悪い服を着ていたら嫌われる覚悟で「その服はみっともない。デザイナーはセンスがよくなければダメだよ」と注意します。

これはもしかすると、デザインを教えるより大切なことかもしれません。

お金の流れから、アイデアを見つけ出す

その仕事において、自分がお金のことを考えずにすむ立場であれば、利益だろうと経費だろうと、絶対に、一円たりとも気にしてはいけない。

逆に、ちょっとでもお金を気にかけなくてはいけない立場なら、自分のギャラや制作費だけでなく、全体のお金の流れを知っていなければならない。その売り上げによって、社員の家族は幸せになるか。クライアントの納税額がどれだけ上がり、その税金は世の中でどう使われるかまで、意識しています。

お金については、ゼロか一〇〇。そのどちらかだと、僕は思っています。

前者は、広告代理店が間に入っていて、「制作費がいくらかかるかは考えなくていい。とにかく魅力あるデザインをお願いします」と言われた場合です。

たとえばユニクロとの仕事は、このスタイルでした。代理店という制作費のやりくりのプロがついているのだから、餅は餅屋に任せます。また、クライアント

は、お金という枠にとらわれない、思い切り自由な発想を期待しているのだから、その部分に集中し、精一杯応えるのが、アートディレクターである自分に与えられた役割だと思います。

後者は、「予算は限られており、この範囲で最高のものを」というケースで、ほとんどの仕事はこちらだと思います。

その際、自分の会社のギャラがどれくらいか、予算内で収まる撮影スタジオにしてほしいといった細部は知らされますが、全体の予算はクライアントだけが把握しています。

これでは仕事の全体像は見えてきません。無理を承知でクライアントにお願いし、できる限りトータルのお金の流れを見せてもらってから、プランを提案するようにしています。

最近、多摩美術大学のオープンキャンパスの広告を手がけた際は、「パンフレットをつくってほしい」というのが学校側の要望でした。昨年のものを見せてもらうと、ごくオーソドックスな小冊子です。

「こちらの印刷費、いくらかかりましたか？」

僕が尋ねると、多摩美術大学の担当者は驚いた顔をしました。それもそのはず、普通であれば、僕の仕事は予算内で小冊子のアートディレクションをしておしまい。印刷、製本という製造過程は、クライアントと印刷屋さん、製本屋さんが直接やりとりするので、関係ないといえば、まったく関係ない話です。ためらっている担当者に何度もお願いして印刷費を教えていただいた僕は、驚きました。

「これはちょっと……高すぎると思います」

価格が妥当なのか高すぎるのかはさておき、そのぶんのお金を別のことに回せば、もっと効果的なオープンキャンパスの告知ができるかもしれないと感じました。

たとえば、依頼されたのは「小冊子」ですが、製本せず、ぱたぱたと折っただけのリーフレットにしたら、コストがぐっと減ります。しかも小冊子の場合、いろいろな講義の内容と時間割が一ページ一ページに分かれて紹介されていますが、リーフレットであれば、折った紙を広げれば、全部の講義の時間割が一目で見渡せます。

実際にオープンキャンパスに訪れる人は、「デッサンのワークショップと、特別講義を取りたいけれど、時間がかち合わないかな？」などと考えるはずです。あちこちのページをめくって調べるより、一覧になっていたほうが便利なのは明らかでしょう。

こうなると、どんどん考えが広がっていきます。

――浮いた予算で、宝探しの冒険地図のような、ちょっと凝った地図をつくったらどうだろう？　あらゆるオープンキャンパスが大学の広告と化している風潮だからこそ、大学に足を踏み入れるわくわく感が広がる、オリエンテーリングのような要素を加えたい。そうすれば、訪れる人に楽しんでもらえるのではないか。

一歩踏み込んだコミュニケーションをし、お金の流れがわかったことで、さまざまなアイデアのかけらをつなぎ合わせていくことができます。

「このお金は、本当に必要なのか？」と、まず疑うことがスタートです。

予算が「Aに一〇〇万円、Bに五〇万円、Cに二〇万円かける」というものだったとしたら、「Aを八〇万円で収められないか？」と考えるのは、節約するためのコストダウン。

発想力を爆発させるためのコストダウンでは、まず個別の予算をリセットします。

そのうえで、「本当にAをやる必要があるのか、毎年Bをやっているからといって、今年もやるのか、Cの効果はどんなものか」とゼロから検証していくのです。

この時点から始めると、「AもBもCもいらない。一七〇万円を全部使って、Dをやろう」という新しい発想が生まれます。

予算を聞くと嫌がられることもありますし、それで自分のギャラが増えるわけでもありません。しかし、全体のお金の流れがわかると、本当にいい仕上がりにさらに一歩近づく手がかりが生まれてくると、僕は感じているのです。

たとえ教えてもらえなくても、じっくり観察し、考えれば、おぼろげに総予算は見えてきます。そこにヒントが眠っていることは、たくさんあると思います。

接着剤　その2　客観性と主観性のザッピング

主観で何かをつくったら、
必ず客観性で答え合わせをしましょう。
感覚で生み出したものは、理論で再確認。
理論で構築したものは、感覚でとらえ直してみる。

客観性と主観性。
左脳と右脳。
理論と感覚。
両方を行き来することで、
より幅広く、深みのあるものがつくれるようになります。

スムーズな仕事の秘訣は、客観性を保つこと

プロとしてお金をもらっている以上、自分の仕事に自信をもつことは大切です。「これがベストである」と確信して、提案すべきだと思います。

だからといって「これはすばらしい」と、うっとりしてはいけません。

仮にその案を否定されたとき、「見る目のないやつだ」などと上司やクライアントを恨んだり、「僕の感性が理解できないのであれば、降ります」と憤慨するなんて、もってのほかです。

自画自賛して酔いしれるのは、主観性だけの世界。

そんなちっぽけな自己満足は、仕事とは呼べないしろものではないでしょうか。

デザイン、アート系の仕事というと、「自分の感性」や「自分の主張」が武器になると思われがちですが、一番大切なのは客観的な視点です。

クライアントのニーズ、その先にいる顧客の望み、市場、予算、かかわる人々、

自分のデザイン。すべてを俯瞰《ふかん》して、それらを一枚の絵のごとくトータルに客観視する。そのとき、「自分のデザイン」は、小さな一部分にすぎません。

もちろん、どんなに小さな一部であろうと、そこが欠けると絵は完成しません。しかし、自分がかかわっている一部だけに固執したのでは、「ぴかりと光る小さな一部」になることは不可能だということです。

自らデザインすることもありますが、僕の仕事はアートディレクションです。アートディレクターとデザイナーの役割は明らかに違うものであり、両者を分けて考えるようにしています。

デザイナーの仕事は文字どおり、具体的なデザインを考えること。造形的な部分をどこまで追求できるかが大切な役割です。「表現」をする役目といえるでしょう。

アートディレクターの仕事は、コンセプトを練り上げブランドをつくっていくこと。それがクライアントである企業にとってどんな意味をもつのか、さらには社会に問うたとき、どのような影響があるのかを考えることです。「考え方」を決める役目だと思っています。

樹木にたとえるなら、コンセプトが幹で、デザインは枝葉。大きな枝と気持ちのよい緑がいっぱいに広げられるよう、しっかりとした幹をつくるのがアートディレクターの役割なのです。

その意味でも、はっきりしないコンセプトはNG。誰が見ても聞いても一発でわかる、明確でわかりやすいものにしないと、伝えるべきメッセージは、ずれてしまいます。分厚い資料でつくられた企画書より、「一言で言えるコンセプト」が、力強く上等な仕事をするためのチケットだと思います。

グッドデザインカンパニーにはデザイナーが五人います。アートディレクターであり、代表である僕の役割は、デザイナーのアイデアや技術を、きちんと判断することです。

言い換えれば、デザイナーの主観をコントロールしながら、客観的にアートディレクションすること。

デザインは主観から生まれても、一番力が入るポイントは、客観性でしっかりと押さえておく。さもなければ、ビジネスとして成り立たないと思っています。客観性なしにデザインを仕上げようとしたら、主観の波にのみ込まれてしまうでしょう。

これは、僕の師匠、宮田識《さとる》さんに学んだことです。宮田さんが代表を務めるのは、かつて僕も在籍していたデザイン会社「DRAFT」。創成期の「モスバーガー」、キリンビールの「麒麟淡麗〈生〉」、横浜ゴムのゴルフクラブ「PRGR（プロギア）」など数々の広告やぶブランディングを手がけてきた会社です。

DRAFTがつくり出すものにはみな、客観性があります。独りよがりでないから、多くの人の心に届くのでしょう。

代表である宮田さんが客観性を保ち続けているからこそ、デザイナーの主観性と客観性を巧みに調和させていくことができるのだと思います。

自分の中の「客観性」を鍛える

主観性と客観性を一人二役でもてたなら、最強だろうと思っています。デザイナーが主観をもとにデザインし、アートディレクターが客観的に仕上げるという役割分担があってもいいのですが、自分一人で兼ね備えれば仕事が飛躍します。これはもしかすると、デザインに限った話ではないかもしれません。

幼稚園の頃、僕はかけっこが速い子どもでした。運動会ではたいてい一等賞。いつしか、それが当たり前になっていました。その頃、かけっこが速いけれど、僕よりは遅い友だちがいました。組み分けが変われば、たぶんそいつは一等になれるのに、どういうわけかいつも僕と一緒に走っているために、万年二等賞です。

あるとき僕の両親が、仕事の都合で運動会を見に来られないことがありました。自分は何度も一等になっているし、それを喜んでくれる両親は今日、来ていない。一方、友だちは、僕がいるために一度も一等になれず、お母さんが見に来ています。

そこで僕は「今日は二番になろう」と決め、そのとおりに加減して走りました。いやみでもなんでもなく、友だち、自分、それぞれの親のことを考えたとき、勝ちをゆずることは理にかなったことだと、子どもなりに思っていたのでしょう。深く考えたわけでもなく、ごく自然にやったことですが、これが僕の中に備わっていた、客観性の種だと思います。

誰でも、自分の中に客観性の種をもっています。僕に限らず、自我が芽生え始めた小さな子どもには、意外と客観性が備わっているように思います。あとは、いかに主観性に押しつぶされず、その種を育てていくか。芽が出れば思いやりとして伸びていくかもしれないし、冷静に物事を俯瞰する能力となって花開くかもしれません。

ところが、客観性と同時に持ち合わせている主観性というのは、たいていの場合、強烈です。僕の中の客観性の種も、すくすく育ったわけではありません。

改めてそれを意識したのは、二五歳のとき。DRAFTを辞めて独立したものの仕事もなく、毎日あてどなく時間を持て余していた頃の話です。

とにかく暇だったので、近所にある恵比寿ガーデンプレイスタワーによく足を運びました。目指すは三九階、展望レストラン街。ランチを食べることもありましたが、お金もなかったので、ただ外の風景を眺めるだけの日のほうが多かったと思います。

窓の外には、新宿副都心の光景が広がっています。日が暮れれば、夜景を見ながらお酒を飲み、食事を楽しむ人も多いのでしょう。

窓の外には高層オフィスビルやタワーマンションも無数にあります。よく見れば、その一つ一つにたくさんの窓があり、小さな窓の中で、働いている人が見えたりもします。

——ぱっと見れば「いくつもの明かり」という窓の中に、それぞれ人がいる。ある窓の人は、うんざりしながら残業しているのかもしれない。上司にこっぴどく怒鳴りつけられて、「死んでしまいたい」なんて気分かもしれない。別の窓の人は、夫婦喧嘩をしているかもしれない。恋人同士が、愛をささやき合っているかもしれない。

平凡と非凡、幸せと不幸せ。近寄ればそれは一つ一つ個性をもった人たちのたった一つのドラマですが、遠ざかればただの「いくつもの明かり」です。

——今、すべてが起こっているし、すべてが起こっていない。近づいて見ることと、引いて見ることで、世界は一八〇度変わってしまう。だったら、とんでもなくつらいことがあったときは、引いてみよう。自分を窓の中の誰かのように客観視し、「誰か」ですらないいくつもの明かりの一つだと想定すれば、追いつめられずにすむのではないか？

自分が小さな明かりの一つだとしたら、本当に小さいし、もめ事なんて小さなこと。でも、その小さな一つ一つの明かりが街の明るさと、社会をつくっている。だから「自分なんて」と、あきらめちゃいけない。前向きにならなきゃいけない……。

そのとき僕は、主観性と客観性のスイッチを、意図的にぱちんと替える方法があると知りました。これは公私ともに大いに役立っている、大事なスイッチです。

美大に行っている頃、幾度となくデッサンをしました。夢中で描いているときは、自分のデッサンが絶対だと思っています。描き終えたあとは、全員の絵がずらりと貼り出されます。そうやって引いて眺めると、自分がどれほど下手かを、つくづく思い知らされます。

デッサンというのは絵を描くことが目的ではなく、「観察力と客観性を向上させるための訓練」です。描き終えて、みんなの絵と並んだときにようやく客観性をもち、「ここがおかしい」と気がついても、もはや絵は直せません。

しかし、夢中でデッサンしている真っ最中、ほんの少しでも客観性をキープしていれば、下手だと感じたら修正できます。いくらでもよりよく描き込んでいけます。

「俺って、いい仕事をしているな」

そう思ったとたん、その仕事は直せなくなってしまい、もっとよくすることはできない。この意識を保ち続けることが、客観性を鍛える訓練になるのではないでしょうか。

客観⇔主観の自由な行き来が、可能性を広げる

もしも事故にあって指を失ったとしたら、痛いし、悲しいし、「指はもう取り戻せない」という絶望的な喪失感にさいなまれるでしょう。

大変なことはいろいろあるだろうし、実際、指を失って生きている人のことを考えれば、「たいしたことじゃない」とは言えません。

だけど願わくば、自分が当事者になったそのとき、「指がなくても、別に死にはしない」と思える強さをなくさずにいたい。

一時は嘆くだろうし、わめきちらすかもしれないけれど、「悲しんでいるぶんの時間を使って、これまでになかった義指のデザインをしよう」あるいは「指を使ったディスプレイは、どんなものがあるかな」と思える自分でいたい。

僕はいつも、そんなふうに願っています。

実のところ、自分というものですら横から眺めているような感覚もあります。

徹底して客観性を保つことが、自分という人間の「デザインのポイント」だと思

っているのかもしれません。

仕事の際は、客観と主観の間を、いつでも自由に行き来しています。

それは必ずしも、「主観的にデザインし、客観的に自己評価する」という意味にとどまりません。

仕事には必ず、相手がいます。僕の場合、目の前の相手はたいていクライアントです。

そこでまず、クライアントの主観と一体化したつもりで、プロジェクトを吟味します。**つまり、その会社の経営者になったつもりで、「どんな広告にしよう、どんなポスターをデザインしよう」と主観的に考えるということです。**

「どのターゲットにどう訴え、結果として何を手にしたいか?」

「わが社の大切なお金を使うこの予算で、最大限の効果を狙うにはどうすべきか?」

クライアントが考えているであろうことを、自分のこととして理解する。いわばクライアントの脳みそに乗り移って、思考するのです。

このとき僕はたいてい、左脳を使っているのでしょう。経営者の多くがそうであるように、言語的で体系立った理論を構築しながら考えていきます。そうすると、クライアントが何を求めているのかが、明確にわかってきます。

しかし、「クライアントが主観的に求めているもの＝正解」とは限りません。そこにプラスαしなければ、デザインという僕の仕事など不必要。クライアントが自分でデザインし、ポスターをつくればよい、となってしまいます。

また、クライアントが「私が求めているのは、AとBとCだよ」とはっきり述べたとしても、その意見を鵜呑みにしたら、それ以上の広がりはありません。クライアントの主観のみを重視し、AとBとCの要素を組み合わせてプレゼンをすれば、すぐに気に入られて採用されるかもしれません。しかし、それではデザインの仕事をしていることにならないのです。

いったんクライアントの主観でとことん考えたら、ひょいと視点を変える。すなわち、今度は徹底した客観性をもった思考で、プロジェクトを眺めてみます。

このとき僕はたぶん、右脳を使っています。経営者には頭がいい人が多く、大概、左脳も右脳もバランスよく使っています。しかし、言葉と理論に長けた人が苦手としている可能性が高いのは、自由闊達《かったつ》な発想力です。その部分を提供するのが、自分の役割だと考えています。こうして客観的にプロジェクトを考えていくと、主観的に考えていたときの、マイナス部分を埋めることができます。

「AとBとCの要素が必要だって言っていたけれど、このプロジェクトって実は、AからFまでで構成されているじゃないか。しかもA、B、C、D、E、Fじゃなくて、Bが抜けている」

こんなふうに、主観的に考えていたときには見えなかったことが、客観的になることではっきりと見えてきます。

そこから新たなアイデアのかけらが見つかるし、拾い集めて新しいものと結びつけることも可能です。

「自律の心」「冷静な心」「予測と洞察の力」は、客観的になったとき初めて、育まれるものです。主観性と客観性を自由に行き来するには、常に多視的であることが大切なのでしょう。

頼まれていないプランを立てる

主観と客観を自由に行き来する方法を、もう少し具体的に説明しましょう。

「わが社を活性化するために、ＣＩプロジェクトを考えています。ついては、新しいロゴのデザインと、オフィスのインテリアデザインについて、相談したい」

たとえば僕にこんな相談が来て、ギャランティが一〇〇〇万円だったとします。

ここでのゴールは「会社の活性化」です。少なくとも経営者の主観ではそうでしょう。

アートディレクターの主観から言えば、「会社を活性化するために、この予算で、どのようなデザインにしようか？」と考えます。依頼主の主観と受け手の主観が一致しているのでいいようなものですが、僕にしてみれば、これは偏ったやり方です。

アートディレクターの役割は、客観性を持ち込むこと。

だからまず、クライアントの依頼そのものを、疑ってみなければなりませ

ん。

「格好いいロゴをつくり、インテリアデザインを一新するのが、会社のアイデンティティを確立するベストな方法なのか？　会社をよくするために、一番役立つことなのか？」

もしかすると、まったく別のやり方があるかもしれません。僕のような外部の人間を入れずに、「今年は一番がんばった社員に、奨励金一〇〇万円出します！」としたほうが、会社の方向性が明確になり、いい結果が出るかもしれないのです。

仮に自分の仕事がなくなったとしても、最終的には客観性で判断する。そうすると、ゴールに確実に近づけます。そんな提案ができれば、僕はアートディレクションがうまくいったときと同じくらい、うれしくなってしまいます。

実際に広告の依頼を受けたときに、「広告をつくらない」というプランを出したこともあります。クライアントは、老舗旅館「亀や」。二〇〇年の歴史をもつ山形・湯野浜温泉で一番大きな宿です。お客さまに来てもらうために何かしたい、ついては広告でも打たなければならないのではと考えている、そんな話でした。

僕は旅行が好きで、海外も日本もあちこち行きます。妻は僕を上回る筋金入りの旅好きで、たった一人でアラスカにオーロラを見に行ったこともあるという強者《つわもの》です。

チケットや宿の手配は一〇〇パーセント妻に任せていますが、果たして彼女は、広告で見た宿を選んでいるでしょうか？ 妻に限らず旅に出かける人は、広告で宿を選ぶものでしょうか？ よく考えてみると、「雑誌か何かでたまたま見た記事の、あの宿」という小さな記憶をたどって予約を入れるのが普通ではないかと感じました。あるいは友人に聞いたり、ネットの口コミを見て決めるのかもしれません。

雑誌などに載るには、話題性が必要です。口コミを広げるには、小さくても多数の露出が効果的です。一方、広告というのは費用がかなりかかるものなので、大企業が力を入れている新商品でない限り、何度も打てるわけではないのです。

依頼は「広告をつくってほしい」ですが、目的は「広告をつくること」ではないと、僕は気がつきました。目的はお客さんをたくさん集めることであり、その先のゴールがお客さんを満足させることなら、広告はその手段として最適なものではないと。

「雑誌やテレビに取材されたいと思っているけれど、なかなか取材は来ないんですよ」

旅館の社長に言われて、さらに手段が明確になってきました。

「あちこちから取材が来る、仕組みをつくりましょう。それには、広告じゃ意味がありませんよ。そのぶんのお金を、別のところに回しましょう」

僕の提案は、広告をやめたお金で「ワンフロアをホテルに改装する」というものでした。

旅館とホテルの違いは、「旅館業法」で決められています。ホテルの定義は、ほとんどが洋室で客室数が一〇部屋以上、洋式トイレつき。旅館の定義は、ほとんどが和室で、客室数が五部屋以上。そのほか、仲居さんが部屋に入ってくるか否かという違いもありますが、一般的には部屋のインテリア、内装の違いが大きいのです。

ワンフロアを、ホテルに改装する——この提案によって、「広告をつくる」というアートディレクターの仕事はなくなりました。僕は仕事を降りたのです。

人は「自分が重要な存在である」と感じたとき満たされるものであり、僕にしても同じです。しかしそれは、「アートディレクター・水野学の重要性」でなくてもかまわないと思っています。**相手に必要とされる自分の役割を満たせば、時に仕事がなくなっても、まったくＯＫ。こう思えるのも、客観性を保っているおかげなのです。**

もっとも、何十億も売り上げがある大企業の場合、広告は社運をかけるようなものではなく、「いろいろな作戦のうちの一つ」というケースが多数。それでもつい、「本当に、この媒体にこの広告を打つのがベストでしょうか？」とよけいな一言を口に出すのが、どうやら癖になっているようです。

「亀や」の話で付け加えておくと、社長が僕を信頼してくださり、「ホテルとして内装を変えるにあたって、インテリアアドバイザーとしての仕事を、改めてお願いしたい」と言ってくださいました。改装後、さまざまな雑誌からの取材が入り、結局、広告以上の結果を手にすることができました。なかなか愉快な、「ハッピーエンド」というやつです。

「井の中の蛙」の罪は、海に行こうとしなかったこと

美大の出身であり、美術大学を愛している僕ですが、「美大生風」というのは、どうも苦手です。

「美大生だから、自分はファッションもライフスタイルも、人より個性的」

「美大生だから、独自の美意識や、自分の世界観を大切にしている」

そんな「自分、自分、自分」のオンパレードなのに、結果としてみんな仲良く「美大生風の言動・ファッションをしたグループ」に属し、誰もがそっくりな群れになっていることに、違和感を覚えていたのです。

そういえば僕には、中学・高校時代も、ヤンキーから体育会系、そしてオタク系まで、さまざまな友人がいました。自分と似た人に囲まれている「楽さ」よりも、自分と違う人から与えてもらえる刺激のほうが、面白かったのかもしれません。

三八歳の今の僕は、一五歳の頃の僕と違っています。美大生の頃とも違ってい

ます。

それは年齢を重ねたからだけではなく、あるとき、自分の世界がちっぽけだと気がついたためです。「自分」など吹き飛ぶようなすごい人に会い、いろいろな経験をして、大いに変わった——いや、変えられたからだと思います。**主観性の檻に自分を閉じ込めていたら、いつまでたっても同じ自分のままで終わってしまうのではないでしょうか。**

「井の中の蛙」と言ったのは荘子《そうし》ですが、僕は、小さくて居心地のいい井戸で楽しく暮らしている蛙自体は、別に悪いとは思いません。

このことわざは正確には「井の中の蛙　大海を知らず」。蛙の悪いところは、井戸にすんでいることではなく、大海を知ろうとしなかったこと。

仮に、蛙が旅に出て、七つの海を渡ってあれこれ経験したうえで、「やっぱり、俺がすむなら井戸がベストだよな～」と、故郷に帰ってゆったり暮らしたのなら、井戸の中は最高の場所だと思います。最初から井戸の中に閉じこもったこと、それこそ井の中の蛙が「ダメな蛙」である理由だということです。

自分の世界を広げられない要因は、三つあります。

第一の要因は、一歩踏み出す勇気がないこと。

外の世界に出て行くのは、当然ながら勇気がいります。勇気とは、言葉を変えれば恐ろしさを克服することです。たとえば、自分の企画を提案するときには「認められなかったら、どうしよう?」という恐怖心があります。「すばらしいと思われたい」という虚栄心や「自分はすごいんだ」という〝根拠のない自信〟が過剰にあると、よけいに怖くなるのでしょう。自己有能感というのは、自信の源でもありますが、かなり強い毒性もあります。

実際、企画が通らないと、「これまで私が一生懸命にやってきたことが認めてもらえず、否定されたようで、とても悲しいです」などと言う人もいます。

しかし、自分がこれまでやってきたことを否定されずにいられるような人が、そんなに多くいるものだろうか、と僕は不思議です。少なくとも自分は、「時には否定もされるくらいのことしか、やれていないだろう」と思っています。こうして腹をくくると、否定されたくらいで折れない強さと、いつだって外の世界に行ける強さが備わると思います。

第二の要因は、面倒くさがること。

人は慣れてしまうと、「別にもう、このままでいい」と思う性質があります。しばらく仕事を続けてキャリアを積み、肩書がついたりするとなおさらです。「忙しくて時間がない」というのも、自分の世界を広げない便利な言い訳です。

第三の要因は、決めつけてしまうこと。

何も疑わずに決めつけてしまうと、世界は広がりません。たとえば、「なぜ、水野さんはそんなに自信があるんですか？」と言われることがありますが、この問いは「水野＝自信があるやつ」という決めつけで成り立っています。「なぜ、僕のことがわかるんですか？」と不思議になります。「わかったつもりなんだから、説明もいらないな」と感じます。

もしこれが、「水野さんは自信があるように見えますが、なぜですか？」という問いなら、僕は喜んでしゃべります。「自信があるように見えるようにがんばって努力してるからですよ。滑舌をよくしたり、話し方に気をつけたり、知識を貯えて話をふくらませたりね」と。

かように「決めつける」とは、自分で自分の枠をつくってしまう行為。相手から情報を引き出すこともできないし、何か教わることもできません。

この「世界を広げない三大要因」は、恐ろしいものです。できるだけ多くの人が、そんな毒をきれいさっぱりと排除できるように、三〇秒のキャンペーンＣＭをつくってＹｏｕＴｕｂｅで流したいくらいだと、僕は思っています。

「スランプ込みの自分」をコントロールするのがプロ

そもそもスランプとは何でしょう？

こんなことを言うと、「なんと自信過剰なやつだ」と非難されるかもしれませんが、スランプというのは、客観性を持ち合わせていない人にだけ、起きることです。

辞書的に言えば、「いつもの調子が出ないこと＝本来の実力が出せないこと」という定義です。つまり、「自分は本当ならこれくらいできるのに、今はできない。だから、スランプである」ということ。「私の場合、夏場がスランプです」と言う人は、自分の実力を都合よく、「夏場以外」でカウントしています。

実力とは本来、「調子がいい春、秋、冬と、調子が悪い夏」の平均値のはずです。

自分の調子がいい季節だけを基準にして、調子が悪い季節を「スランプ」とする人は、自分の実力を買いかぶり、言い訳をしています。

もし、あなたが野球やサッカーの選手であり、客観的な目で見る監督という存在がいたなら、「夏場に調子が悪いのが、この選手の実力だ」と見なすでしょう。「スランプだから、実力が出ない」なんて逃げは、許されないはずです。

アスリートでない限り、僕らはみな、監督やコーチなしで自分をプレイさせていかねばなりません。そうであれば、自ら監督のような客観的な目を備え、「スランプ込みの自分」をコントロールしていけばいいのではないでしょうか。

僕はここで「調子が悪いときがないように、いつも万全のコンディションであれ」という、無茶な話をしたいわけではありません。たとえば女性の中には、月ごとに、周期的に体調不良になる人もいます。男の僕には、完璧に理解することはできませんが、社員にそんな人がいたら、「人類にとってかけがえのない大切なことだから、体をいたわりなさい」と言います。

しかし同時に、「プロなんだから、月のどのあたりに調子が悪くなるということを知っておきなさい。自分のコンディションをトータルで考えたうえで仕事をして、変わらない結果を出しなさい」と伝えます。

女性ほど明確でなくても、男性にもバイオリズムはあります。気分、体調が優れないときは誰にだってあります。

それでも、プロはスランプなどと言い訳しません。自分の実力を見誤り、「スランプ」を逃げ道にしたら、本当に目指す場所になど、たどり着けるはずがないと思っています。

パソコンに向かうのは、「一日三時間」と決める

「接着剤その2」では、客観性と主観性について、述べてきました。

おもに、客観性をもつことがいかに大切かを、綴ってきたつもりです。

最後に、すぐにできる実践的な「客観性を身につけるテクニック」を付け加えておきたいと思います。

それはごく単純で、パソコンに向かう仕事を、一日三時間に限定すること。

デザインの世界ではＭａｃの導入によって、鉛筆と手と三角定規を使っていた時代から比べれば、五〇倍ほどの速さであらゆる作業がこなせるようになりました。

おそらく企業の事務的な作業も、昔に比べたらはるかに効率化され、何倍ものスピードで処理できるようになっていると思います。

ところが、デザインをして仕上げるまでの所要時間は変わっていません。ビジ

ネスパーソンの勤務時間も、変わっていません。これはどう考えても、おかしなことです。

理由は、「考える時間」と「作業の時間」と「だらだらやっている時間」を、すべてパソコンの前で過ごしているからではないでしょうか。

業務のデジタル化が急速に進むとともに、それに対応する知識やスキルを習得するための時間も増えています。それゆえ、「パソコンに向かっている＝仕事」という誤解も生まれているのではないでしょうか。パソコンとはあくまで、仕事を効率化する道具であり、パソコンに向かっている時間は本質的な意味で、生産性を生まない仕事と捉えたほうがよいと思います。

デザイナーの場合、パソコンに向かっているときは「作業」です。頭の中にあることをかたちにしていくために、極度に主観的になり、その一点に集中していきます。

このプロセスは、主観的でなければうまくいかないので、思い切り主観的になっていいのですが、一日の大半が主観的では困ります。

もっと悪いのは、「どのようなデザインにしたいか?」という考えもなく、とりあえずパソコンの前に座ってしまうこと。目の前の仕事をどういう順番でこなすか、どんなものをつくるか……。このような、「頭の中で考えるプロセス」をすべて省略し、とりあえずパソコンを立ち上げて、レイアウトを始めてしまう。これはもう、致命的なミスです。

Ｍａｃは優秀ですから、そんなふうに始めても、とりあえずかたちにはなります。しかし、何も考えていない、パターン化されたものが、すばらしいアイデアとして、世の中に問えるはずもありません。これは、デザイナーに限ったことではありません。

おすすめしたいのは、パソコンを使って作業する仕事、たとえば、企画書を作成する、レポートを書く、資料をまとめる、といった業務は、三時間で終わらせてしまうこと。

そして、一日が八時間労働だとすると、残る五時間は三つの作業を行います。

一つは、パソコンでかたちにする前に、考える時間。

「三時間しかパソコンを使えない」と思うと、その前に焦りまくって、必死で考えます。「一番大切なのはこの要素だ」「パソコンを立ち上げたら、この順番で作業をしよう」といったことを、考えて、考えて、考え抜きます。

パソコンに向かうときは、頭の中ですでにできていることを、かたちにするだけ。だから、かつて何日もかかっていた作業が、三時間で終えられるのです。

「三時間」という制限で、〝お尻に火がつく〟という効果も、当然あると思います。

もう一つは、できたものを検証する時間。

先に、デッサンとは絵を描くことが目的ではなく、「観察力と客観性を向上させるための訓練」だと述べました。それと同じで、ありったけ主観的になったあと、客観的に判断する時間をもつことはとても大切です。それで初めて、プロの仕事が完結します。

そして最後は、切り替える時間。

客観性と主観性をザッピングし、自在に行き来する。これは時として、とても難しいことです。主観的になって、次の瞬間は客観的になれるというのは、もしかしたら天性の才能かもしれないという部分はあります。

だからほとんどの人に、「切り替える時間」は必要であり、尊重していいことだと思っています。社員にはいつも、「ふらっと散歩に行ってもいい。寝てもいい。家に帰って仕事をしてもいい」と言っています。

つまらないルールよりも、自分のルールをもつ人と一緒に働きたい、何より自分自身がそうでありたい。

僕が心からそう願っているのは、確かです。

接着剤

その3

「大義」をもって仕事をする

その仕事に大義があれば、
必要なものは何かが見えてきます。
いらないものが自然と、削ぎ落とされていきます。

大義とは、仕事と人生の森の中で、
道に迷ったときに見える遠い星。
その光で、行くべき道を教えてくれる星。

大義とは、アイデアのかけらを「つなぎ合わせるもの」ではなく
「引き寄せるもの」かもしれません。

目的地がわからないまま、歩き出してはいけない

「新しいことを、提案しよう」

そう思ったとき、真っ先に思い浮かべる相手は誰ですか？

「何か企画を考えねばならない」

こういうとき、あなたは誰に向かって発案しているのでしょうか？

「担当しているクライアントに」「直属の上司に」「同じチームのメンバーに」

こうした答えが、一番多いと思います。実際に提出する相手は彼らですから、自然なことです。人はどうしても、目の前のことにとらわれがちな生き物だから、「クライアントに気に入ってもらえるように」「上司に怒られないように」「チームのメンバーが喜んでくれるように」という気持ちに集中してしまうのでしょう。

しかし、そこはあくまで通過点。

目的地と通過点を混同すると、仕事の森の中で迷子になってしまいます。

企業の場合、目的は大きく分けて二つあると知っておきましょう。売り上げを

伸ばして利益を出すか、ブランドを強化するかのいずれかです。

もちろん、この二つが一体化しているケースも多くあり、サントリーは、ブランド力を強化することで売り上げを伸ばしてきた企業の好例だと思います。

何かを提案するときの第一ステップは、目的を理解すること。

あなたが経営者だろうと平社員だろうと、「この提案は、売り上げを伸ばすためか？　ブランド力を強化するためか？　両者が一体化されているものか？」と考えてみるのです。

僕が手がけた「多摩美術大学オープンキャンパス」を例としてあげれば、「多摩美術大学のブランド力を強化して、受験生を多く獲得すること」が目的でした。

第二のステップは、「目的地にいる人」を意識すること。

目的を理解すれば、そこにいる人たち——提案すべき相手は、近い将来、多摩美術大学に入ってくるであろう高校生や予備校生、さらにはその親御さんであるとわかります。

仮に、クライアントである大学側の好みと、ターゲットの好みが違うなら、ターゲットの心に訴えるものを意識する必要があるでしょう。決して目の前のことだけにとらわれてはならない、ということです。

第三のステップは、「目的地にいる人」を、さらに具体化すること。

たいていの人は、第二のステップまで進んだ時点で「もう、目的は完璧にわかったぞ！　さあ進め！」と早合点してしまいます。そうなると、道に迷うはめになります。

極論ですが、「オープンキャンパスに来ればＡＫＢ48に会えます！」という一大キャンペーンをしたら一〇代の若者が（いや、若者でない三〇代、四〇代まで）、山のように詰めかけるでしょう。しかし、彼らが実際に受験するかといえば、そんなことはありません。

また、単純に「多摩美術大学の実際の受験に出るのと同じ課題を、オープンキャンパスで教えます！」と謳えば、できるだけ多くの学生にオープンキャンパスに参加し、さらに受験してもらいたいという目的はかないます。しかし、学校の信頼は失われるだろうし、上質な学生は集まらないでしょう。

いずれの方法でも、ターゲットとは別の人たちにしか届きません。

まず良質な学生を集め、彼らが社会に出て活躍したとき、「あの人の出身校だ」といわれることで、大学の評価が高まっていくという好循環など、絶対に望めなくなります。

そこで目的地にいる人を、「本気で美術大学に進もうと考えている、才能のある高校生、予備校生と、その親御さん」と絞り込み、目的を「多摩美術大学のブランド力を強化して、良質な受験生を多く獲得すること」と、より正確に定めることが大切になってきます。

第三のステップまで踏んで、目的をきちんと考えれば、「どんな提案をすればいいのだろう?」という漠然とした問いが、かなり具体化されていきます。

目的地をきちんと定め、そこから逆算して、たどり着くためのわかりやすい地図を描くこと。それがコンセプトです。

コンセプトとは、迷わず目的地にたどり着くための地図です。

目的が「なんとなくいいものを、誰かに提案する」という具合に曖昧だと、とりあえず何を制作するかだけを漠然と決めて歩き出すはめになります。するとコンセプトは、「あとづけされた制作理由の説明」になってしまいます。

コンセプトとは、プロジェクトチーム全員が「目的地」にたどり着くための「地図」だと考えれば、**単純でわかりやすい地図がベストだと気づきます。**

コンセプトがはっきりしていれば、どんなアイデアのかけらとかけらを拾い集めて接着すればいいか、その答えも自ずと絞られてくるのです。

逆に言うと、どんなに締め切りが迫っていても、上司に鬼のように催促されても、ゴールも地図もないまま歩き出す――アイデアを出そうとする――のでは、迷子になって当たり前だと思います。

仕事には「目的」と「大義」がある

目的が曖昧なまま、見切り発車してしまう人が多いと気がついた頃、僕はもう一つの発見をしました。さまざまな仕事で出会う優秀な人、尊敬してやまないすごい人たちは、目的を明確にしています。しかし、これは彼らにとって当然のこと。

すごい人は、どうやらもっと上のレベルで仕事をしているようなのです。

あらゆる人や事象を観察し、「どうしてなんだろう？」と考え、さらに確かめたくなるのが僕の癖です。だから、すごい人はどうしてすごいのか、話を聞き、飲んだり仕事をしたりメールをしたりと、しばらくつきまとってみて、共通ルールを見つけ出しました。

それは、大義をもって仕事をしているということ。

目的を明確にし、それを達成するのは大前提。彼らはさらにその先の風景――「この仕事を通して、世の中に対して何ができるか？」――を、じっくり考えてから、仕事をスタートしているのです。このような意識をもって成功している企業を考えてみれば、たとえばアップルがそうでしょう。

アップルのスローガンは**“Think different”**。今までにない商品をつくり、それを求めている人に届けて利益を上げるという目的、株主に利益をもたらすという目的、商品から派生するイメージや思想で人の心を動かし、ブランド力を上げるという目的は明確です。

しかしアップルにはそれだけではない、「世の中のありとあらゆるクリエイティブなものを底上げしていこう」という大義があるように、僕は感じます。

もちろん、目的なしに大義だけ掲げていたのでは成立しません。ビジネスである以上、お金を含めた目的をもつことは大切です。しかし、**不況になったとき、ものがあふれたとき、最後まで残る企業はきっと、大義をもっているはずです。**

また、「売り上げを伸ばす」「ブランド力を上げる」という目的がうまくいかないときは必ずあります。そんな風に**会社が迷ってしまったとき、大義があれば、**

進むべき道がやがてわかってくるはずです。大義とは、言葉を変えれば志です。

だから僕は、目的と大義を意識して仕事がしたい。目的と大義がイメージとして伝わるようなよきデザインを世に届けたい。そのことで、世の中をよくする一助となりたい。そう願っています。

ブランド力を高めるという目的の一種に、「リ・ブランディング」というものがあります。新商品や新しい企業でなく、すでにあるものを改めてブランディングすること。

一七一六年創業の老舗、中川政七商店が僕にアートディレクションを依頼してくださったとき、目的はまさにこれで、自社のブランド力の再構築でした。

リ・ブランディングの際は、その企業のもっているものを、「いるもの・いらないもの」に分けていきます。大義は判断基準にもなりますが、中川政七商店の大義は、明確でした。

「日本の伝統工芸を元気にしたい」

これは、中川政七商店の社長、中川淳さんがよく口にしていた言葉です。本人は大義と意識していなかったのかもしれませんが、伺ったとたん、すてきな志だと思いました。

「ブランド力の再構築という目的」のうえに、「大義という星」がきらきら輝いている。

こんなイメージで、僕たちは中川政七商店がそこにたどり着くための地図、つまりコンセプトを考え始めました。およそ三〇〇年の歴史をもつ中川政七商店の本社は奈良です。扱っている「奈良晒《さらし》」は、江戸時代から変わらぬ製法でつくられている、手紡ぎ手織りの麻生地。一九七九年には奈良県の無形文化財にも指定されました。

時代のニーズに合わせ、麻以外でつくった現代的なアイテムも提供していますが、中川政七商店は、奈良晒の技術を江戸時代から伝承する唯一の企業。日本の伝統技術を絶やしてはいけないという強い使命感ももっていました。

リ・ブランディングは時として、古いものを否定し、現代的な新しいイメージに生まれ変わらせるような手法がとられます。しかし中川政七商店の最大の魅力は伝統です。

そこで、コンセプトは「温故知新」としました。

「古きを温《たず》ね、新しきを知る」というのは、中川政七商店の大義とも合致するうえ、ブランド力の再構築という目的にたどり着くための最適な地図だと確信しました。

実際になすべきことは、「中川政七商店の伝統を、外部にわかりやすく伝えること」と決めたら、アイデアのかけらを収集する作業に入ります。

あえて古めかしい表情のロゴマークをつくるなら、江戸時代に流通していた図案や意匠を集めたら、参考になるんじゃないか？　織機をモチーフにすれば、「手織り」のイメージが一発で伝わるが、どういった図案が考えられるだろう？　織機は、どんなものがあるのだろう？　奈良という土地は伝統をアピールするのにふさわしく、奈良といえば鹿だけれど、あの鹿はなんという種類の鹿で、どうして飼われるようになったのか？

こうして拾い集めたアイデアのかけらをつなぎ合わせ、プロジェクトは完成しました。
大義という星明かりに照らされて、ゴールまでまっすぐ進めた例だと思います。

「成功の定義」を広げてみよう

大義をもっとは、別の言い方をすると、「本当の成功」について考えることでしょう。

話題を巻き起こせば、成功なのか？

売り上げ目標を達成すれば、成功なのか？

僕は、どんなに人気が出ても、爆発的に売れても、結果として人類のためにいい影響をおよぼさないものは、失敗だと感じています。

誰かの犠牲のうえに成り立つビジネスであれば、失敗。

言葉にすれば単純ですが、これを守るのはとても大変で、だからこそ、僕たちには大義が必要なのでしょう。

大義を忘れずにいれば、成功の定義は目先のことではなく、もっと大きな規模になっていくはずです。

ここ数年、環境への意識が高まり、オーガニックの食品や製品を選ぶ人が増えてきました。オーガニックとは有機栽培。農薬や化学肥料を使っていないので、健康や食の安全に関心が高い人に支持されています。

オーガニック・コットンのシャツというと、「普通のものより肌によさそうだ」と感じる人もいるでしょう。ところが、製品化された綿に、農薬などはほとんど残留しません。着る側のことだけ考えれば、オーガニックでも通常のコットンでも同じなのです。

しかし、生産者と地球環境について考えれば、オーガニック・コットンと通常品では、大きく違います。綿花の栽培には、大量の農薬が使われています。土壌の残留農薬は最低で三年消えないといわれ、栽培農家の人たちは、強力な化学薬品の影響によって健康被害を受けています。つまり、オーガニック・コットンという製品の大義は、消費者の健康にとどまらず、生産者と地球の健康を守ることです。

音楽プロデューサーの小林武史さんが立ち上げた、kurkku（クルック）が手がける「プレオーガニックコットンプログラム」は、この状況に対し、さらに踏み込んだ取り組みを行っています。

オーガニック認定されるまでの三年の移行期間は、全体の生産量が減るにもかかわらず、通常のコットンと同じ価格で取引されるため、農家の収入が減ります。そのため、経済的な事情から、オーガニック栽培に移行できないコットン農家がたくさんいます。

そこで、移行期間に栽培された綿を「プレオーガニックコットン」と名付けて買い取り、農家の支援を行うというのがこのプログラム。

僕は、パンフレット制作のため実際にインドのコットン農家に足を運びましたが、農薬被害の実態と、そこから解放された人たちの笑顔は、今も心に焼き付いています。

もう一つ例をあげると、パーム油があります。

アブラヤシという植物からとれるもので、世界で一番多く使われている食用油です。バイオディーゼルとして車の燃料になるともいわれています。

「環境と人にやさしいパーム油を使おう」

これで話がすめばいいのですが、需要が高まるとともに、生産地では新たな問題が起きています。主要生産地の一つボルネオ島では、マレーシア政府が国策として生産を推奨したこともあり、アブラヤシの大きなプランテーションがつくられました。

ボルネオはもともと、熱帯雨林のジャングルが生い茂る自然豊かな島です。しかし、アブラヤシ畑をつくるためには大量の木々を伐採《ばっさい》することになり、森をすみかとしていたオランウータンやテングザルなどの野生動物は絶滅の危機にさらされています。

かつて、ゾウたちが川まで水を飲みに出かけていた道は、ほとんどアブラヤシ農園になってしまいました。ゾウが通れば、ヤシ畑が踏み荒らされることにもなります。

ゾウたちに、悪気はないでしょうが、生活がかかっている農園の人々にとっては深刻な問題であり、ゾウの駆除を考えます。その結果、子ゾウのときに農園が仕掛けた罠にかかり、針金がはまったまま成長して足がちぎれそうになっているゾウもたくさんいるそうです。

人と環境にやさしいと思っているパーム油ですが、その生産によって、自然やジャングルの動物たちが泣いていたら、成功ではありません。

ハンティングワールドでは、ブランドテーマである「人間と自然との共生」という志をもって、この問題に取り組んでいます。

チャリティーグッズの販売を通じて、「ボルネオ保全トラスト」への寄付と支援を行い、プランテーションの中の土地を買って、ゾウの通り道を確保しようという試みです。

成功を一方向ではなく、多方向から見てみる。これは、あらゆる仕事において欠かせない視点ではないでしょうか。

恥と見栄を捨てれば、本物の自尊心が顔を出す

仕事をするうえで、大義とともに大切なのは、義務を果たすことだと思っています。

義務を果たすとは、「自分がやるべきこと」にきちんと向き合い、達成すること。

「義務」というと、会社や上司など、誰かに押し付けられたもの、いやだけれど、やらなければいけないものというネガティブなイメージをもつ人がいるかもしれません。

しかし、やるべきことを決めるのは、自分自身です。

人はたいてい、「やりたいこと」と「やるべきこと」の間で、右往左往しています。「だらだら遊んでいたい」と「きちんと仕事に向き合って完成させる」の間で揺れながら、最終的にやろうと決めたことが、「やるべきこと」です。

やるべきことが決まっても、完成するまでにはたくさんの邪魔が入ります。や

る気が出ないというのも達成の邪魔になりますが、もっとたちが悪いのは、こんな気持ちです。

「俺にだって、プライドはある。そんな仕事をするなんて、プライドが傷つく」

いざ、やるべきことを前にしたとき、「格好悪い、人から評価してもらえない」という気持ちが湧いてくると、プライドという言葉を言い訳に使う人が多いようです。

こうした人は、プライドという言葉の使い方を、間違えています。

人からどう思われるか、自分がどう見えるかを気にしている人は、プライドなんか持っていない。単に、自分自身の恥と見栄にとらわれているだけ。僕はそう思っています。

羞恥心と虚栄心。そんな安っぽい殻をパカッと割ったとき、中から生まれてくるのが、光輝く本物のプライド——自尊心です。

銀座のマロニエ通りの美容室『Salon』は、一流ホテルのような空間をつくるというコンセプト。僕はオープン時のトータルディレクションに携わりました。

内装デザインも自分がやるという選択肢もありました。しかし何がベストか真剣に考えると、僕のやるべきことは、「自分より上手な人にインテリアデザインをお願いする」ことだとわかりました。

僕にも、美容室の内装をデザインした経験があります。別のデザイナーに頼むということは、「自分はできる」という見栄を捨て、「もっとうまい人に頭を下げる」という、ある意味では恥ずかしいことです。それでも、恥と見栄を捨てたことで、この案件に適任のインテリアデザイナー文田昭仁さんに依頼するという、「自分のやるべきこと」が明確になりました。

だからこそ、『Salon』は「一流ホテルのような美容院」というゴールに到達できたのだし、アートディレクターとしての僕の自尊心も、満たされたのだと思います。

デザインの目的は「よく見せること」でなく、「よくすること」

『泉』という作品をご存じでしょうか？

製作は一九一七年。男性用の小便器に"R. Mutt"とサインしただけのものです。出品されたニューヨークのアンデパンダン展は、五ドルの出品料さえ払えば、誰の作品でも展示されることになっていました。匿名の作者の正体は、同展の審査員を務めていたマルセル・デュシャン。ところが「こんなものが芸術なのか？」と物議をかもした『泉』は、結局、展示されませんでした。しかし、この『泉』を含め、既存品を使ってアートとした、彼の一連の作品は「レディ・メイド」と名付けられ、後世にも強い影響を与えたのです。

何を芸術とするのか、芸術とデザインの違いは何かと言えば、さまざまな意見があります。デザインを生業《なりわい》としている僕にも、僕なりのデザインの定義があり、それは一言で言うと「よくすること」です。

デザインによって、何かが今までよりも、よくなる。それがデザインの義務であり、使命だと思っています。

たとえば、いい商品なのにパッケージが今一つで人気がないものでも、デザインを変えて、よくなることがあります。

デザインを工夫した広告という手法によって、商品が売れて、経済がよくなることもあります。水や食べ物で体が満たされるごとく、デザインによって人の心が満たされたら、それもまた「よくすること」だと思います。

勘違いしてはならないのは、デザインの目的は、その商品を「よく見せること」ではないという点です。

目立たせたり、取り繕ったり、うわべを整えることはデザインではありません。悪い商品をたくみなデザインによってよく見せるというのは、本来の役割とは違う使い方だと思います。

最終的に、世の中がよくなるデザインを目指す。この考えを追求していくと、逆説的ではありますが、いいデザインをする一番の近道は、「世の中をよくしよう」という大義を忘れないことだと感じます。

僕はアートディレクターなので「デザイン」と書いていますが、これはいろいろな仕事に当てはまることではないでしょうか。

すべては理性と感性でできている

槇文彦さんの『見えがくれする都市』（鹿島出版会）は、江戸時代の日本の町づくりがよくわかる本です。

この本によると、そこから富士山が見えるという理由で、「富士見通り」や「富士見橋」という名前が生まれたそうです。自分の足で歩いて、自分の目で見たとき、自分の心には何が映るか。昔の日本人は感性で町をつくっていたのでしょう。

すべてのものは理性と感性でできていて、それはデザインも同じ。感性と理性、両者が程よくミックスされているのがよいデザインだと僕は考えています。

二〇〇七年、小山薫堂さんが発起人になって始まった首都高速道路の事故を減らすソーシャルキャンペーンが、「東京スマートドライバー」です。「ここに行くには、このルートだと効率がいい」という理性だけでつくった高速道路は、便利だけれど、東京タワーのような人気者とはいえません。「理性と感性」のバランスが崩れています。

同じパブリックなものなら、「好き」という、みんなの感性を揺さぶるような存在であるべきです。しかし、首都高が雰囲気だけで好感度をアピールするようなキャンペーンをしても、あまり意味がありません。「僕はいい人です」と言いながら何一つ行動を伴わない人間のようなものです。

二〇〇六年度の調査では、首都高の年間事故数は一万二〇〇〇件。それによって渋滞も生じています。目的は、いい人になるための具体的なアクション、すなわち「事故と渋滞を減らす」に決まりました。コンセプトは、ドライバー同士のコミュニケーション。警察が取り締まるのではなく、お互い注意し合うことで安全運転をしようということです。

キャンペーンの一環として、事故多発地帯第一位の用賀料金所に「ここが事故多発第一位、要注意」という横断幕をかけたところ、実際に事故が減りました。

アートディレクターとして参加した僕は、シンボルパターンである「ピンクのチェッカーフラッグ」を制作。「帰るがゴール」というヴィジュアルコンセプトから生まれたものです。スピードを競うのではなく楽しみながら走り、最後に自宅や会社にたどり着く。これがゴールだというメッセージを伝えるものとして、チェッカーフラッグを使いました。同じフラッグでも、F1レースのようなスピード感を出さないために、色彩心理学を応用して、「安心と安全、落ち着き」を喚起するピンクにしたのもポイントです。

首都高という公共の場所で、「よくすること」という目的を果たすために、デザインの力を使う。「東京スマートドライバー」は、大義ある幸せな仕事だったと、印象に残っています。

第二章　知識と知識

Happy
Christmas
has come.
The Golden Reindeer
Franc franc

接着剤

その４

「知識＋知識」のイノベーション

イノベーションとは、「新しいもの」を生み出すことではありません。
「今あるもの」と「今あるもの」を組み合わせて、
「新しいもの」に変えることです。

「アイデアが見つからない」と困っている人は、
考えるのをやめて、外に出ましょう。
まずは知識を呼び込みましょう。
たくさんのアイデアのかけらを集めることから始めましょう。

知識の結合をイノベーションにつなげる

子どもと一緒にぼんやりとテレビを見ていて、いきなり「あっ、これだ！」とつぶやいて、ラフを描き始める。

打ち合わせに行こうとスタッフと一緒に歩いていて、「あの本のカバーデザイン、これがいいよね」と、一本の木を指差す。

僕のこうした行動を見ていて、まわりの人は、「水野は突然ひらめくタイプの人間だ」と思っているようです。

しかし、僕は決してひらめいているわけではありません。

たぶん、普段から、膨大な量のアイデアのかけらを拾い集めているだけです。

頭の中には「A社の新製品の広告」「B出版の本の装丁」といったテーマがいつもあって、それは「ちょっと欠けたジグソーパズル」のようなかたちをしています。

同時進行でいつもいつも、いろいろなアイデアのかけらを片っ端から拾っていると、あるとき、そのテーマのかたちにピタッとくっつくピースが見つかります。もう少し正確に言えば、一つのピースでぴったりということはあまりなく、このピースとこのピースを組み合わせれば、「A社の新製品の広告」にピタッとはまって、ジグソーパズルが完成する、といった具合です。この「見つかった！」という瞬間が、人から見て「ひらめいた！」というように見えるときです。

ひらめくのではなく、見つけ出す。

見つけ出したアイデアのかけらとかけらを、接着してイノベーションとする。

実はそんなに難しいことではないと、僕は思っています。

「いいアイデアが出ない、発想がとぼしい」

こんなふうに悩んでいる人がいたら、まず、知識を呼び込んでみるといいのではないでしょうか。

もちろん、知識が多いほど頭がいいとか、知識が多ければ多いほどアイデア豊富な人材になれるといった、簡単なことではありません。しかし、知識があるのとないのとでは、仕事のスピードも、アイデアのかけらとかけらがくっつくスピードも、実力が向上するスピードも、格段に違います。

「自分が何かをやろう」というテーマを頭の中にもったとき、知識が豊富であればあるほど、接着していく力も強固になります。

ヴィジュアルで思考し、言葉でテーマを育てる

一度行ったことのある土地で、僕はほとんど地図を見ません。

京都やニューヨークなど、道が碁盤の目のように整っている街はもちろん、パリのようにごちゃごちゃしていても、どこに何があるかは、一度歩けば頭の中に入っています。

そんな街を友人や家族と旅していて、のどが渇いた、などと言われたら即答です。

「この角を曲がると噴水があって、その横に小さなカフェがある。そこで何か飲んでもいいし、右のほうに売店があって水が買える」

ヨーロッパは東京ほど店の移り変わりが激しくないので、すらすら答えたとおりの場所にカフェがあります。相手には驚かれたり、あきれられたりします。

自分が通っていた幼稚園の間取り図。子どもの頃、好きだった遊具のかたち。三〇年以上前の記憶ですが、今すぐにでも、絵に描けます。仕事の打ち合わせな

どでは、いつもA4のコピー用紙と鉛筆、ぺんてるのサインペンの赤と黒を用意しており、話しながら、考えながら、メモの代わりに図形や絵を描いています。

その代わり、学校の暗記ものの類は、まったくダメ。昨日何を食べたかも、すぐに忘れてしまいます。今日のスケジュールといったものさえ、さっぱり覚えられません。

僕にとってヴィジュアルとはそれだけ身近で、何より使い慣れた思考のツールです。

ところが、アイデアのかけらを拾い集める際には、ヴィジュアルは用いません。ほとんどの場合、言葉を手がかりにしています。そのメリットは二つ。

一つは、デザイナーの最大の弱点、「紙とペンもしくはパソコンがないと絵が描けない」という物理的な条件にとらわれずにすむこと。

もう一つは、言葉というのは「余白があって、ゆるい」ということ。

たとえば、A社の広告のテーマについて、「強い」という言葉をメモしておいたとします。

「強い」というと、筋肉ムキムキの男を思い浮かべる人もいれば、ライオン、サイといった動物をイメージする人もいます。権力者や政治家を連想する人もいるでしょう。言葉はこのように、さまざまなアイデアのかけらを拾い集められる余地があるということです。

いったんヴィジュアル化してしまうと、イメージは固定してしまいます。

もしも「強い」というテーマを言葉で頭に置く代わりに、ライオンの絵を描いたら、A社の広告のテーマは「ライオン」以上に広がっていきません。

広告やロゴといったデザインに落とし込んでいく最終段階では、ヴィジュアルのもつ強烈なパワーが最大の効果を発揮します。しかし、ぼんやりとアイデアのかけらを拾っている段階では、なるべく甘く、遊びの部分をもたせておくことが大切です。余白を残しておけば、それだけ思いがけないかけらが集まってきて、くっつけ合わせることもできます。

言葉でテーマをつくって、しばらくの間、自分の中に置いておく。

ヴィジュアルで思考する人間だからなおのこと、僕にはこの過程が必要なのかもしれません。

テーマはざっくりと、三つか四つ、頭の中に置いておくようにしています。

わかりやすいように、ペプシコーラの仕事を頼まれたと仮定しましょう。言葉でつくるテーマは次のようになります。

「若い、コーラよりちょっと甘い、ポップ、アメリカ」

このテーマを心のどこかに置いておくと、仕事場まで歩いているとき、スケボーをしている少年たちを見ただけで、「横ノリ感、ゆるいファッション」というアイデアのかけらを拾えます。普段なら何も感じなくても、目に留まるのです。

僕はお酒が好きで、人と飲むのが楽しみの一つですが、たまたまミュージシャンの友人と飲んでいて「舞台で歌ってるときって、客席は見えているんですか?」と聞いたとします。テーマのことなどコロリと忘れてわいわいやっているのですが、「客席って、ライトが強いと全然見えないんだよ」と友人が答えたとたん、あるシーンが浮かんできます。

——人気のポップミュージシャンが、ステージに立っている。どうもノリが悪く、盛り上がっていないと気づくが、ライトがまぶしくて客席はまったく見えない。カメラが切り替わって客席が映ると、みなステージを見るのも忘れて、夢中でペプシを飲んでいる……。

しかしこれは、あくまでアイデアのかけらです。コースターに絵を描くのではなく、携帯電話を使って、「観客がペプシを飲んでいる。ミュージシャンだけそれに気づかない」と言葉でメモします。なぜなら、小さなステージの絵を描けば、イメージは「ライブハウス」に固定され、「観客が座っているなどあり得ない」と限定されてしまうのです。

こうした携帯メモは、どんどん収集し、育てていきます。たとえば二日後に見返したら、本屋さんに行って、「ミュージシャン？　ああ、音楽雑誌を見てみるか」という具合です。

できるだけテーマの幅を広げ、より多くのアイデアのかけらを集めていく。そのうちに、いくつかのかけらがゆるやかに連動し、やがてつながっていく。それを接着してアイデアとする。シンプルだけれど、役に立つ方法です。どんな仕事においても役立つのではないでしょうか。

あてどない「ひらめき貯金」を最後におろす

かけらとかけらを接着してできた「アイデア」を、最終的にデザインに落とし込む。

つまり、ヴィジュアル化する瞬間が、「ひらめき」と呼ばれるものだと思っています。

ヴィジュアルについてはまったくテーマは設けず、「ハッとしたら、なんでもかんでも貯めておく」という方式をとっています。いわば「ひらめき貯金」です。

先に述べたとおり、「ヴィジュアルで記憶し、思考する」という自分の特性を使うこともあれば、画像データとして残すこともあります。というと専門的な道具を使っているように響きますが、携帯のカメラで十分。

「ひらめき貯金」とはすなわち、街で何かに興味を抱いたら、使い道など考えずに、記憶もしくは記録しておくということです。

仕事でニューヨークに旅したとき、改めて「街並みがとてもきれいだな」と感じたことがあります。どうしてなのかと考えながら歩いていると、それはレンガ造りの建物が多いからだと気づきました。

しかし、レンガ造りの建物なら、日本にもたくさんあります。

「これって、隣の芝生が青く見えるってやつかな」と社員に話していて、さらによく見てみると、相違点が見つかりました。

それは、目地の色。ニューヨークの場合、レンガとレンガを塗り固めている漆《しっ》喰《くい》が、グレーと茶色の中間の、なんともいえないきれいな色なのです。

ところが日本の目地の色は、真っ白か、なんとなく汚らしい灰色。レンガそのものはほとんど同じなのに、目地の色だけでこれほど景観が違うのかと、驚きました。この驚きは「ニューヨークのレンガの目地の色の記憶」として、貯金しておきます。

今のところ使い道はありませんが、たぶんいつか「これだ!」という必要性が出てきて、その瞬間、引き出すことになるでしょう。

これは、「トートバッグをつくる」という仕事の際、売れ筋や、街で見かけたトートバッグを集めるといった、マーケティング・リサーチとは異なります。近所の商店街で、おばさんがもっていた手提げかばんの色合わせ。昼のカツ丼定食の、薄っぺらいたくあんのレモン色の透け具合。子どものおもちゃ。おじいさんが連れている犬。こうしたものは、あてどない貯金であり、貯めているときには本人にも使い道はわかりません。しかし、最終的にデザインに落とし込むとき、これらが不可欠といえます。

プレゼンのうまい発明が、歴史に残る

トーマス・エジソンは、「電球を発明した人」と言われています。よく知られた話ですが、正確に言うと彼は「白熱電球を改良した人」です。本当の発明者は、英国のジョセフ・ウィルソン・スワン。

それではなぜ、「電球＝エジソン」というイメージが流布しているのでしょう？

おそらく、エジソンのほうがプレゼンテーション上手だったためだと、僕は思っています。教師の手に負えないほど好奇心があり、とうとう小学校中退になったというエジソンは、発明家となったのちには発明家集団を率いてプロデュースし、電話や蓄音機の販売会社を起こすなど、起業家という顔ももっています。

電球の研究開発をしていた人は、エジソンやスワンのほかにもたくさんいたでしょう。あと一歩のところまで来ていた人も多かったはずです。しかし、彼らの足跡は、残念ながら残っていません。これは、プレゼン上手でなかったことも一

因のような気がします。

その発明が歴史に残るか否かは、発明そのものの力もありますが、いかにきちんと世の中に発表するかにかかっているということです。

いまだかつてない新しい概念だろうと、まわりの人にわかる言葉で、段階を踏んで、きちんと説明していくこと。これは今の時代においても、大切です。

僕はプレゼンをする場合、なぜ、そのデザインがいいのかを、必ず言葉で説明できるように用意しています。

「このデザインは格好いいんです。このよさがわからないのは、感性がおかしい」

こんな言い方では、相手には理解されません。

もちろん、「言葉にできないけれど、いい」という感覚は誰にでもあります。

しかし現在のビジネスは、多くの人がかかわり、コミュニケートして成り立っています。仮に、担当者と僕が「いいものは、いい！」と意気投合しても、担当者が会社に持ち帰って上司やチームに説明するとき、そのまま通用するでしょうか？　そんなわけはありません。

論理的に言葉を使ってアイデアのかけらを集めていれば、それがかたちとなり、いつでも誰にでもきちんと説明ができます。なぜ、この色か、なぜ、この形状か、言語化すればプレゼンも通りやすくなります。

「理解してもらうための工夫」は、世の中に出る前から必要だということです。

一〇より一〇〇案、一〇〇より一〇〇〇案を目指す

クライアントに提案するのは基本的に、「これがベスト」と確信した一案です。しかし社内では、一つのプロジェクトにつき、一〇〇から三〇〇案は出すようにしています。現在、デザイナーは五名。一人につき一〇案なら、五〇案になります。

体育会系のノリで、どんどんラフを出す。こうした人海戦術は、効率よくバリエーションを増やすためです。

数が多ければ、新しい発見があります。また、背後で消えていった数多くの案があるからこそ、絞り込んだ一案のクオリティも上がります。

アートディレクターの僕の仕事は、一案に絞り込んでいくこと。たくさんある中から、たった一つに決断するために、揺るがない幹であるコンセプトが重要になってきます。

何案も出せるのは組織だからではありません。一人でも、同じ手法は十分に可

能です。

独立して間もない一九九八年、『Francfranc』から仕事の依頼がありました。こう言うと格好よいのですが、頼まれたのは年賀状。知り合いがいたので仕事を回してもらったという、ささやかなことです。

当時の『Francfranc』は店舗を拡大しようと計画していました。事業規模が大きくなれば、インテリアのセレクトショップから、オリジナル商品をメインに展開する店へと変貌していくはずです。「だったらマークが必要じゃないか?」と提案したところ、つくらせていただけることになりました。

『Francfranc』の"franc"は、「率直な、正直な、誠実な、自由な、純粋な」という意味。ここからまず、シンプルなかたちにしようと決めました。絵ではなく「F」の文字を使ったロゴマークにすれば、覚えやすいでしょう。これでコンセプトは決まりです。

まず手書きラフを五〇案、次の段階では一〇案持っていき、『Francfranc』の倉庫の壁に貼り出して、社長と相談しました。

社長の要求が厳しかったのではありません。「まだ出すの？　まだやるの？」と言われても、僕が勝手に持っていきました。この繰り返しで、二、三百案は出したと思います。

これができたのは僕が優秀だったからではなく、**「事業の成功に貢献できる、いいロゴをつくりたい」**という強い思いがあったからだと思っています。何より、面白かったからにほかなりません。面白がれば、アイデアの数は飛躍的に増えていきます。

悩む時間を減らして完成度を上げる

「アイデアより、完成度を優先させる」

これはプロとして仕事をしていくうえでの、鉄則だと思っています。

すべての仕事には、お金と時間の制約があります。限られた条件の中で、いかにベストを尽くすかが、仕事の大前提といえるでしょう。

ところが、いつまでたっても「どんなものにしようか?」と悩んでいて、プレゼンに出せるものどころか、ラフ案すら、かたちにできない人もいます。

こういう人はたいてい、無謀な挑戦をしています。

「わあ、すごい。今までに見たこともなかった、すてきなアイデアだ!」

みんなにこう驚かれるすごいものを提案しなければならないと、思い込んでいるのです。

そのため、中途半端な「思いつきのかけら」をいじくっているだけで、持ち時間を無駄に使ってしまいます。締め切りぎりぎりになってから慌てて、「帯に短し、たすきに長し」という、完成度の低い、みっともないものを提案するはめになります。ひどいときには、「できませんでした」という最悪の結果を招きかねません。

限られた時間とお金の中で、伝説となるようなすごいものを生むというのは、神懸かり的なことでも起きない限り、難しい。まずは、そう腹をくくることです。誰もがアインシュタインやエジソンのような発想力の持ち主であれば、世の中はもっとよくなるはずですから。

僕たち普通の人間が、よいアイデアを出すには、時間との折り合いをつけることが大切です。悩んで、考えて、必死で努力しても、ある程度の時間が来たら、その作業は終わりにし、企画書やラフ案、あるいは商品としてかたちにする次のステップに進むこと。

その際には細部をしっかりとつめ、できる限り緻密にして完成度を上げていくこと。

美大の受験などでも言われる話ですが、みんなが同じ時間で、同じ画材を使い、同じ課題に取り組むとき、よし悪しを決めるのは細部をしっかりと描き込んだ完成度なのです。

極端に言えば、多少間違っていてもいいから、完成度を上げるほうが大切だと僕は思います。**仮に使えないものだったとしても、また別の仕事で使えるかもしれないし、「最後まで手を抜かずに仕上げる」という練習になるのですから。**

「自分の中では、出来上がっているんですけれど」という言い訳は、デザインに限らず、どんな仕事でも通用しないだろうと感じます。

「自分の仕事」になったとき、アイデアは浮かんでくる

「会議は不要であり、無駄だ」

「結論が出ない会議は時間の浪費」

ビジネス書を読むと、こうしたことが書いてあります。

僕は、この考え方を疑問に思います。

なぜなら、結論を出すよりも議論することそのものが大切なときもある、と考えているから。

僕は、自分の中にほぼ答えが出ているにもかかわらず、わざわざ社員を集めて「社内ミーティング」をもつことがあります。

答えはほぼ出ているわけですから、本来であれば不要な会議です。しかも、的外れな意見が出たり、本題とずれたところで議論が延々長引いたり。正直に言えば、「あぁ、あっちの仕事を早く進めたいのに……」と気もそぞろになってしまうほど。

でもそこをぐっと耐えて、ひたすら進行役に徹します。出てきた意見に質問をし、発言の少ないスタッフには意見を求め……。

そうやっていくと、やがて、ある瞬間が訪れます。

表情の変化。明らかに、みんなの目つきが変わってくるのです。

これぞ、仕事が「自分の問題」になった瞬間。**「上司から呼び出され、強制的に考えさせられていた仕事」が、「自分の仕事」へと変化したのです。**

こうなると、あとはスムーズ。不思議と、いい意見が出始めます。

アイデアの種は、多ければ多いほど、可能性が広がります。みんなの知識とアイデアを接着させていけば、僕一人では思いつかなかったような、すばらしいアイデアへと発展させることもできます。

けれども、的確なアイデアの種を思いつくには、そもそも、仕事を「自分の問題」としてとらえていることが不可欠。

仕事を「自分の問題」ととらえてもらうために、「会議」は有効な手段の一つです。

ただし僕は、会議の場だけセッティングして、途中で抜けることもあります。何かを決める会議であれば特に、「結論」を急ぐあまり、みんなが、決定権をもつ僕の顔色をうかがってしまい、本来の議論のさまたげになることがあるからです。

議論を存分にするためには、全員がフラットな立場であるほうがよいのかもしれません。

ビジネスツールは携帯電話だけでいい

ズボンの右ポケットを叩き、左ポケットを叩き、ジャケットの胸ポケットを叩く。

これで僕の「ビジネス装備の点検」は終了です。

鍵と財布、携帯電話のみ。まるで中学生男子の日曜日、いや、今の中学生のほうが持ち物が多いかもしれません。基本的に手ぶらで、純然たるビジネスツールは携帯電話だけ。

移動中に思いついたことは、すべて言葉として携帯電話に残します。

ツイッターも携帯電話から。飲んでいる最中でも、相手が何かいいことを言ったり、「おっ、これはアイデアのかけらだ！」と感じたら、速攻で携帯にメモします。

人と話しているのに携帯をいじくっているなんて、あまり行儀のいいことではありません。「お酒はいつも楽しく飲む！」というのは、母に叩き込まれた家訓です（笑）。もし、人を不快にさせたと知れたら、母に膝蹴りを食らいそうなので、いちいち説明しました。

「あまりにお話が面白いので、携帯にメモさせてください！」

最近では、「あ、水野の習性だ」ということが認知され、携帯にメモりながら、楽しく飲ませてもらっています。

カメラを持ち歩く人も多いようですが、記録として残すだけなら、面白いものを見つけても、携帯電話のカメラで事足ります。そのままメールして、社内でシェアもできるのです。

前述したとおり、スケジュールを書いても、書いたこと自体を忘れてしまうので、プロデュースをしてくれている妻に任せきりです。彼女はｉＰｈｏｎｅやｉＰａｄはもちろん、Ｍａｃもサイズ違いで二、三台を、シーンに応じて使いこなしていますが、僕の場合はまるで真逆。ｉＰａｄもいつのまにか二歳になる息子に持って行かれ、アンパンマンの動画を見るための機械になっている始末。

そもそも、いろいろな道具を持つと、忘れたり、忘れそうになったりという

「いらないストレス」が生じます。

煩わしいことは、徹底的に排除したい。

いつもとらわれずに自由に思考したい。

その意味で、僕にとっては、ビジネスツールは携帯電話一つで十分なのです。

仕事と遊びのけじめをつけない

三六五日遊んでいるし、三六五日仕事をしている。

これが僕のやり方です。自分の中に、ワークライフバランスという概念自体が存在していません。

テレビを見ているときも仕事をしているし、家族とディズニーランドに行っていても、友人と野球観戦に行っても、子どもと遊んでいても、何かしら仕事をしています。

図書館で資料を読んでいるときも、家で寝そべっているときも、同じモード。打ち合わせも、飲み屋で友人と話しているひとときも、自分の中では基本的に同じです。

遊びながら仕事について考えているとか、遊びから仕事のタネを見つけ出すとか、厳密な区分けもありません。

仕事と遊びがごちゃごちゃに混ざっていて、特別けじめをつけていないという表現が、ぴったりくるでしょう。

これは、「アートディレクターはお気楽」というふざけた話でもなく、「クリエイターは二四時間仕事をしている」という格好よい話でもありません。いわば苦肉の策として生み出したやり方ですが、これが知識＋知識のイノベーションを加速させている気もします。

独立して間もなくは、やることもなく、恵比寿ガーデンプレイスの展望台に出かけたり、バックパックを背負って貧乏海外旅行をしたりしていたのですが、すぐにお金も尽きて、生活の危機に陥りました。夕方、安売りのもやしを買って炒めたものがメインディッシュという日々ですから、食べていくために、ありとあらゆる仕事を引き受けました。

それはすなわち薄利多売、休みもなく、夜中まで働き続けなければなりません。

友だちから飲みに誘われても「ごめん、仕事が終わらなくて」と、断ることが続きます。これは、なんとかせねばと思いました。

そのとき、切羽詰まって生み出したのが、「遊びと仕事を混ぜる」という手法。

机やパソコンに向かって何かをひねり出そうとするのではなく、友だちと遊んだり、「これ、最高に面白いよ」とすすめられたマンガを読んだりする中で、アイデアのかけらを拾い集めることにしたのです。

試してみると、これが僕にはぴったりきました。場所や状況が変わることによって、別の視点が加わるのです。今では行き詰まっている社員がいたら、「考えるのはやめて、遊びに行けよ」と、自らけしかけているくらいです。

接着剤

その5

「洞察力」を研げば「切り口」が変わる

観察力をとことん極めると、洞察力になります。
洞察力を研ぎすませば、新しい切り口が見つかります。

マーケティングとは、
人に頼んで何かを調べることではなく、
自分の洞察力を磨き、独自の仮説をつくることです。

確固たる自分の仮説ができれば、
アイデアのかけらとかけらは、
自然にくっつくようになっていきます。

マーケティングは仮説の説得材料にすぎない

たくさんの知識を貯え、アイデアのかけらとかけらを接着するとき、どのような切り口にするかを考えることも必要です。

その際の手法としてよく用いられるのが、マーケティングでしょう。

多くの企業、代理店、マーケティングの専門会社が、調査資料をつくります。

しかし、新企画の切り口となるようなマーケティングをしたいなら、マーケティング調査を信用しすぎないことが大切です。

客観性を求めて、人はマーケティングをします。自分の「これがいい！」という主観とは別の「これがいい！」という客観的な声を知りたくて、リサーチを行います。

たとえば、ビジネスパーソンは成人であり、商品ターゲットである一〇代の女性の嗜好はわからないからマーケティングする、という具合です。

方法は街頭インタビューかもしれないし、アンケートかもしれませんが、この時点で、調査に協力する人としない人に分かれます。

仮に「一〇代の女性はクマのキャラクターを好む」という調査結果が出てきたとしても、それは正確なものではありません。正しくは**「アンケートに協力した一〇代の女性は、クマのキャラクターを好む」**というデータ。アンケートに協力しなかった女性は、圧倒的に犬のキャラクターを好んでいるかもしれないし、実際は地域や属性で、もっと細分化されているでしょう。普通に考えれば、このくらい単純なことは誰でもわかります。

マーケティングの恐ろしさは、お金と時間と労力をかけて、グラフや数字を満載した資料をつくったとたん、この「単純なこと」を忘れてしまう点にあります。

自分のリアルな感覚で判断できないと、人はデータに頼るようになりますが、注意が必要です。あらゆる調査は統計的な処理がなされたとたん、細部にかくされていたヒントがこぼれ落ちてしまうのです。

マーケティングは、自分の仮説にぴたりとはまったときに、それを裏付けるための説得材料として使う。これくらいのスタンスで、ちょうどいいのではないでしょうか？

仮にあなたが「クマのキャラクターを、新製品に使いたい」とひそかに思っているときに、そうしたマーケティング結果が出てきたら、上司を説得する際に資料として添える、この程度でいい気がします。

つまり、「自分の仮説を裏付ける調査結果」を導き出すためのマーケティングがあっていいはずです。

二〇代女性をターゲットにした新しい飲料を発売するとして、あなたの仮説が「酸味があって甘さ控えめがウケる」だったとします。ところが試作品を飲んでもらったら、甘くないどころか、「酸っぱすぎる」というネガティブな反応。さあ、どうしますか？

自分の仮説どおり「酸味があって甘さ控えめ」と言ってくれる二〇代女性を求めて、再調査をするのも一つのやり方です。また、「この酸っぱさを、好きか嫌いか？」という追跡調査をしてみると、役に立ちます。「酸っぱすぎる」という反応はマイナス要因だと思っていても、それについてさらに調査すると、「酸っぱすぎるところが新鮮でいい」となるかもしれないのです。いずれにしろ、一元的で一方向のマーケティングは信用できないと覚えておきましょう。

マーケティングでいいものがつくれるなら、世の中はとっくに、いいものだらけになっています。マーケティングは自分の仮説の説得材料として使うものであり、自分がそれに説得されては意味がありません。

大切なのは、マーケティングなんて必要ないくらい、しっかりと仮説を立てること。人任せの調査に頼るのではなく、自分がいろいろなことを研究し、いろいろなところに足を運び、いろいろな調査をして仮説を立てる。ここから導き出される仮説は、既存のマーケティングを上回るものになります。

二〇代の女性がターゲットなら、まずは二〇代の女性に人気のドラマ、雑誌を一、二カ月、すべてチェックしてみる。そこから仮説を導き出したら、友だちの妹でも上司の娘でも、誰でもいいからたくさん、じかに接してみることです。誰もいなければ、変な人だと思われたとしても、街中で声をかけたっていい。これは先に述べた、「疑う×知る×伝える＝考える」の公式の練習にもなります。

通常のビジネスパーソンであれば、プロジェクトを三〇も掛け持ちしてはいないはずです。ターゲットも「二〇代女性と、三〇代主婦」の二パターンくらいに絞られているでしょう。この程度なら、自分でしっかり研究することも可能だと思います。

ある食品会社の優秀な商品開発担当者は、「マーケティング調査にかけることもありますが、結果がよすぎたらちょっと疑います」と話してくれました。その方は実際に、斬新な切り口の商品を生み出し、新しい市場を開発していらっしゃいます。

自分の仮説の立て方をきちんともっており、それを実践していれば、マーケティングより確かな「自分の物差し」で判断できるようになります。

マーケティングより大切なのは、「なぜ、どうして？」

小さな子どもの親は、「なぜ、どうして攻撃」に悩まされるといいます。「なぜ、猫は丸くなって寝るの？　どうして雨が降るの？」子どもは好奇心の固まりだから、当たり前すぎて大人が気にも留めないこと、理由など考えたこともないことも、探究しようとします。

わが家にも二歳の子どもがいますが、僕も妻も、彼の「なぜ、どうして攻撃」にはちっとも悩んでいません。理由はごく単純。僕も妻も「なぜだろう？　どうしてだろう？」と言い合って暮らしている、五歳児のごとき夫婦だから。アートディレクターとプロデューサーという仕事上のパートナーでもありますが、最大の共通点は、二人とも当たり前に見えることに対して、「なぜだろう？」と感じる点だと思います。

ことに僕の場合、マーケティングよりも、自分自身の「なぜだろう？　どうしてだろう？」を優先しています。それが仮説をつくる出発点であり、ア

イデアのかけらをより多く集めるために、欠かせない視点です。

講演をするとしばしば「どうしたら、アイデアが出せますか?」という質問が出ます。

そんなとき僕は、「あなたの隣の人の靴は、どんな靴ですか?」と、尋ね返します。たいていの人は答えられません。言われない限り、隣の人の靴を観察していないのです。

アイデアのかけら――ありとあらゆる雑多な知識――を集めるためには、どんなことでも、よく観察しなければなりません。ただ見るのではなく、自分を固定せず、いつもと違う視点でザッピングしていくことが必要です。「なぜだろう? どうしてだろう?」という疑問と興味をもてば、普段は見逃している些《さ》細《さい》なことも、より深く観察できます。

さっそく、「なぜ、どうして?」という目で、世界を観察してみましょう。

あなたが今、この本を電車の中で読んでいるとして、前の席の人はどんな服、どんな靴を身につけていますか? 同じ車両で携帯を使っている人は何人くらいでしょう？　そのうち何人がスマートフォンを使っていますか？　パソコンを開いていますか？

「なぜ、この人はピンクのネクタイを選んだんだろう？」「どうして満員電車なのに、iPadを見てるんだろう？」、このように考えていくと、**観察力がさらにレベルアップし、物事の本質まで見通す「洞察力」が身についていきます。**

「なぜ、どうして？」という視点を忘れ、街中に転がっている観察対象を見過ごすなど、ダイヤモンドの原石を蹴っ飛ばして歩いているような、もったいない行為だと思います。

飽きっぽさを探究心につなげる

事務所に打ち合わせで来ている方には、およそ三〇分おきに違う飲み物を出します。二時間くらいのミーティングなら、四回ほど出すということです。

暑い盛り、来てくださったらすぐに、ミントの葉を浮かべた冷たいソーダ水。話し始めてしばらくしたら、アイスティーに小さなチョコレートを添えて。一時間たったところで、ぶどうジュース。打ち合わせ終了まで三〇分というところで、烏龍茶とクッキー。

厳密に三〇分ではありませんし、何を出すかは社員任せ。単なる飲み物ですが、話し合いの中に「ちょっとした刺激と変化」を持ち込もうとしているのです。

それは僕が、恐ろしく飽きっぽい人間であることも関係しています。

夜、家でテレビを見ていると、飽きてしまって仕事のメールを見たくなる。それでも足りなくて、ツイッターでつぶやく。すると、つぶやきながら何かメモをしたくなり、そっちは携帯にメモし、そのうちに新たな疑問が湧いてきて、インターネットで調べ物。やがて疲れてきて、子どもと遊びだす……。

万事がこの調子ですが、「飽きっぽさ」は自分の最大の武器だと思っています。飽きっぽいとは、裏を返せば現状に満足できないということ。

「何か、もっと面白いことはないか？　何か、もっといいことはないか？」

飽きっぽさを、このような「探究心」に結びつけることができれば、さまざまな発見につながります。

今の時点でわりによくできていることでも満足せず、「もっとよくできるのではないか？」と欲張れば、あれこれ考え、工夫し、結果としてもっといいものが手に入ります。

逆説的ですが、常に面白いものを求めていると、面白くないものも面白くなります。

この本を書いている夏、事務所の向かいが工事中で、「養生幕」がかかっていました。原稿を書くのに飽きると窓の外を眺め、養生幕を観察しました。ゲリラ豪雨でも大風でも強烈な日差しでもへっちゃらな工事現場によくあるシート。見ているうちに、猛烈に興味が湧いてきたのです。シートだから柔らかいけれど、むちゃくちゃ丈夫。この条件が役に立つ仕事が来るかもしれないな。無印良品の家電デザインで知られ、僕が尊敬してやまないプロダクトデザイナー深澤直人さんのように、すでにこの素材でバッグを作っている人もいるけれど、自分なら何ができるだろう？

このように、飽きっぽさから見えてくる「切り口」もきっとあると思っています。

プロジェクトを台本にし、商品を擬人化する

一日のスケジュールは覚えられなくても、今手がけているプロジェクトや進行状況はすべて頭の中に入っています。毎日プロデューサーと「仕事項目表」の確認もしています。

仕事項目表に並んでいるプロジェクトが「商業施設のA、新発売のママチャリ、女性向け飲料水」の三つだったとしたら、それが今の僕に与えられている「役名」です。

役者であれば、同時にいくつもの役柄を演じます。あるドラマでは悪役、ある舞台では失恋する役、セリフも全部違いますが、現場に行くたびに切り替えているのでしょう。

自分の役をぱっぱっと切り替えていく役者のごとく、全然違ういくつかの役を同時進行でこなす。同じ男性でも、ものすごく男らしい人を演じることもあれば、少し女性っぽくて繊細な役を演じることもある。こんな仕事のやり方が、僕の楽

しみでもあります。

具体的にはまず、プロジェクトに自分なりのタイトルをつけます。「丸くてやわらかい」「小さいが力強く大胆」など、漠然としたイメージのようなもので、広告コピーとはまったく別。このタイトルは、大義、目的というゴールにたどり着くためのわかりやすい地図＝コンセプトとも、ゆるやかに連動しています。

プロジェクトをデザインに落とし込んでいくときは、九九パーセントの確率で、商品を擬人化するところから、考えています。

Ｍａｃを人にたとえるなら、とても賢いのに、愛嬌がある人。「マックさん」というより「マックくん」という呼び名が似合います。烏龍茶であれば、四〇代から五〇代の、中国の田舎に住んでいるふくよかなおじさん。人民服を思わせるネズミ色の作業着、いつも笑っているような細い目の人です。わかりやすく「擬人化」としていますが、実際は木にたとえたり、アニメのキャラクターのようにイメージすることもあります。

商品を擬人化したら、彼らが一番引き立つシナリオを考えていきます。

実際にアートディレクションをした案件で言うと、「東京ミッドタウン」は、人にたとえるなら「芯の強い、やさしさがある人」。擬態化するならば、凛とした大きな木です。自然で原始的な木ではなく、都会の真ん中にある、洗練された木。映画『アバター』に登場する、「ホーム・ツリー」に似たような木です。

東京ミッドタウンという施設は、できる限り多くの買い物客を集めようという目的でつくられているわけではありません。もし僕のクライアントが「できるだけたくさんの人に商品を買ってほしい」という目的をもっていたら、東京ミッドタウンでなく、品川駅構内の商業施設「ecute」のようなところに出店するよう、すすめます。

東京ミッドタウンの目的は、「豊かな街づくりをする」という、三井不動産のブランドイメージをつくること。高層のオフィスフロアを優良な企業に貸し、そこで確実に収益を上げることです。その意味で店舗フロアは、〝たくさん売るお店〟ではありません。

ウィンドーショッピングするだけで、楽しめるような空間。ガレリア館に入っている「サントリー美術館」や、デザインのためのリサーチセンター「21_21DESIGN SIGHT」と同じく、「あそこに行けば、上質でゆったりした時間が過ごせる」「最新のセンスにふれられる」と人々に感じさせ、その結果、ブランドイメージを強化するお店がふさわしいのです。小さなお店をつめ込んで上野のアメ横のような人ごみをつくり出したら、いくら売り上げが伸びても、目的から大きく外れてしまうでしょう。

「東京ミッドタウン＝凛とした木」という擬態化は、すてきな街、上質でゆったりした時というキーワードから生まれました。

二〇〇九年春の広告キャンペーンは、依頼された当初、「敷地内の桜の木もからめて、オープン二周年イベントの告知をしたい」というものでした。僕はこれに疑問を抱きました。一〇周年、二〇周年であればインパクトがありますが、二周年というのを意識する人は、ほとんどいないのではないかと。その思いを率直に伝え、東京ミッドタウン側と検討した結果、「二周年」という数字はコンセプトから外れました。では、どうすればいいのか？

都会の真ん中にたたずむ上質な木が、何年かわからないけれど、何かの記念日を祝う。季節は春。もし、その木に性別があるとしたら、女性……。

制作スタート時は株価が暴落し、不況のまっただ中でした。「見た人がほっとする、やさしいイメージにしよう」と思いながら、アイデアのかけらを接着していきました。

最終的に、コンセプトは「春を祝う」に決定。桜が舞い散る中で、人々が楽しそうに踊っているイメージです。写真は、春の軽やかさを表現してくださる藤井保さんに、スタイリングは、洗練されていながら個性的なスタイリスト、ソニアパークさんにお願いしました。「東京ミッドタウンは、芯が強いんだけれど、やわらかさもある〝人〟です」と伝えたところ、電通の蛭田瑞穂さんが「それでは、よい春を。」というコピーをつくってくださいました。凛とした木である「東京ミッドタウンさん」が、春のイベントに出演する際、一番ふさわしいシナリオを描けたのではないかと思っています。

「そうかな？」より「そうだよな」で共感力をつける

観察力を極めて洞察力になるまでレベルアップし、さらに洞察力を磨いて新たな切り口を見つける。そのためには「なぜ、どうしてだろう？」という疑問を忘れないことが大切だと述べました。**好奇心をもてば、別の切り口は必ず見つかります。**

この話と矛盾するようですが、時には共感することも、新たな切り口を見つける方法です。疑いと共感は、まったく違う道だけれど、どちらも「洞察力を磨き、切り口を見つける」という同じ場所にたどり着くルートだということです。

人の話を、「そうかな？」と、ちょっぴり否定しながら聞くのではなく、「そうだよな」と共感しながら聞けば、何かしら得るものがあります。すぐに腑に落ちなくても、理解しようとすれば、相手もいろいろ話してくれるので、理解できる点が見えてきます。

何に対してもどっぷり感情移入してみる、これは共感力をつけるよい方法です。

僕は感動的な映画を観ればすぐ泣くし、浅田次郎さんの『鉄道員《ぽっぽや》／ラブ・レター』（ながやす巧画、講談社文庫）を軽く立ち読みするつもりが号泣し、書店で腰が抜けそうになったこともあります。小学生の頃夢だった高校野球は、テレビの前で高校球児と同化して盛り上がります。

共感するのは、興味があって好きなものばかりではありません。むしろ興味がないものに共感すると、多くの発見があります。

二〇〇四年に制作したFrancfrancのクリスマスキャンペーンは、まさにこの「共感力」で生み出したものでした。

メインターゲットは若い女性。彼女たちと話していると、たびたび耳にする言葉がありました。

「幸せになりたい」

幸せに「なる」ではなく、「なりたい」。それは言い換えれば、「誰かに、私のことを幸せにしてほしい」という「願い」です。

幸せとは「(自分で努力して)なる」もの、と思っていた僕からすると、不思議な感じはしましたが、まずはこの「幸せになりたい」という願望にどっぷり「共感」してみることにしました。

そして、だんだんとわかってきたのです。

占いに行くのも、パワースポットに足を運ぶのも、かわいいお守りをもつのも、恋愛に関心があるのも、すべて、幸せに「なりたい」という気持ちゆえのこと。

つまり彼女たちは、「幸せにしてくれそうなもの」に魅力を感じてくれるのではないか?

そこで、考えたのが、「金のトナカイ」のキャンペーン。「金のトナカイを見た人は幸せなクリスマスを過ごせる」というストーリーを考え、展開したのです。

その結果、「金のトナカイを身につけると幸せになれる」という口コミが若い女性たちの間で流行し、金のトナカイグッズが人気に。キャンペーンは無事成功したのでした。

第三章　ヒットのつくり方

遊
中川

インプットの質を高める　その6　接着剤

接着剤だけをこねくり回していても、
固まってしまうだけ。
どんなにすばらしい接着剤をもっていても、
「くっつけるもの」がなければ、意味がありません。
ごく普通の接着剤しかもっていなくても、
「くっつけたいもの」と「くっつけたいもの」が見つかれば、
その二つは、ぴたりとくっつくはずです。

頭の中に何百もの引き出しをもつ

センスがある人はいるが、センスがない人はいない。

これは僕の持論です。もし「自分にはセンスがない」と思っている人がいたら、ないのは知識です。

繰り返し述べてきたとおり、アイデアのかけらをひたすら集め、努力して知識を増やせば、必ず「センス」はよくなるし、アイデアの接着剤も良質なものになります。

努力していないことを認めたくないから、センスがないと言い張って、あきらめてしまう。そんな悲しい癖は、早めに直してしまいましょう。

知識を貯えるには、質よりもまず量。僕の頭の中の引き出しには、たくさんの「当たり前のこと」が入っています。

「空が青いから、青はきれい」

「すべてのりんごは丸くない。へたを真ん中にしてちょっとふくらんでいるところは、木になっていたとき、南向きだった箇所」

引き出しの中には、「ごく私的な思い」も入っています。

「子どもの頃、よく見ていた絵本。微妙な色の組み合わせの美しさ」

「うんと小さな頃住んでいた家。陽射しがたくさん降り注いで、大好きだった」

何か企画を依頼された瞬間、頭の中の引き出しが、ぱっと開きます。あとは、何を取り出し、どう組み合わせるかを選ぶだけ。

前述した「中川政七商店」のリ・ブランディングでは、そんな「当たり前のこと」の引き出しが役に立ちました。

僕は、神奈川県の茅ヶ崎市で育ちました。サザンオールスターズの桑田佳祐さんの出身地といえば、イメージが湧きやすいでしょうか。湘南エリアに位置するこの穏やかな街で、僕は、毎日のように海で遊びながら過ごしました。

地元が大好きでしたが、一つ、なじめないことがありました。それは、ハワイアンスタイルのお店や雑貨店がやたらと目につくこと。海＝ハワイという発想だと思うのですが、昔から、つねづね疑問に感じていました。

「ハワイっぽいのものって、本当に茅ヶ崎らしいんだろうか？」

　別のものを持ってくるのではなく、「本来の魅力」を活かすべきではないか。幼い頃から漠然と心に引っかかっていたこの問いは、「中川政七商店」のリ・ブランディングの際、アイデアの根源となりました。

あえて古めかしいロゴをつくることで、「三〇〇年の歴史と伝統をもち、信頼できる老舗である」ことを端的に伝える。

「ブランドが本来もっている魅力を最大限活かす」という手法のヒントは、自分が育った街の中に転がっていたのです。

　二〇〇三年に、キリンビバレッジから期間限定で出されたスポーツドリンク「ＫＩＲＩＮ９０３」の仕事も、そんな当たり前の発想から生まれました。

　大学時代、ラグビーをやっていた僕は、スパイクやボールの手入れをするたびに、こんなふうに思いを巡らせていました。

「スポーツに一番詳しいのは、スポーツ選手かスポーツメーカー。『スポーツメーカーがつくったらいいものになりそうな商品』って、ほかにもいろいろありそうだなあ……」

それから一〇年近くが経ち、キリンビバレッジの方と、いい新商品はないかと雑談していたとき。すぐさま「アディダスとの共同開発による、スポーツ『道具』としてのスポーツドリンク」を思いついたのは、学生時代のそんな引き出しが開いたからでした。

こんなふうに、何気なく引き出しに入れたことは、思いがけないタイミングで役に立ちます。「まずは量を増やす」という意識で、好き嫌いせずに引き出しを増やしていくことをおすすめします。

自分に興味がないことでも、仕事を言い訳にすれば「しようがない」という強制力が働いて、調べたり、ふれたりすることができます。

その際に、一瞬でもいいから「なぜだろう?」と考えてみる。そうすれば、漫然と通り過ぎることなく、アイデアのかけらを「引き出しにしまう」ことができます。

面倒くさい仕事も、使いよう。結果として知識や能力が向上すれば、将来的に、ぐんとラクになっていきます。僕はスーパー面倒くさがりやだからこそ、ここまでやってこられたと実感しています。

それができたら、インプットの質を高める工夫をするといいと思います。引き出しは、さらに飛躍的に増えていくはずです。

好奇心を忘れずにテレビを見まくる

大人になってからリコーダーを吹いたことがある人が、どれだけいるでしょう？

小学校の音楽で習ったリコーダーを、僕はほとんど憎んでいるとさえ言えます。もしもピアノを習ったなら、ピアノバーに行ったとき酔っぱらった勢いで弾き、格好つけることもできますが、バーカウンターでリコーダーを吹く男がモテるとは、どう考えても思えません。低価格でコンパクト。どんな家庭でも購入できる楽器がリコーダーというのはわかりますが、あれはまったく意味のない時間だったと思います（笑）。

最近、スポーツジムに行って体を鍛えるのもブームです。健康のためというならわかりますが、筋肉もりもりになるためというのは、どうも解せません。五〇歳になって筋肉もりもりでも、二〇歳のヤツと素手で戦えば、負けるでしょう。かように僕は、あまり意味のないことはつまらないと思うし、やるのも嫌いです。

それなのに、テレビの『スッキリ!!』や『PON!』は、食い入るように観ています。『ひるおび!』も『ミヤネ屋』もチェックします。

多い日は、朝の六時から午前中いっぱい。夜も一、二時間はテレビを観ます。**テレビは僕の貴重な情報源であり、「くだらない」あるいは「仕事の役には立たない」といわれそうな番組にも、それぞれ意味があります。**

たとえば、ある番組の司会者がつまらない理由は、ゲストの面白い話をすべて「なるほど」で終わらせてしまい、広げられないからだと考察したり。『趣味の園芸』に登場するエビネの第一人者を見て、「とことん専門的な世界があるな」と感動したり。

ビジネスパーソンに人気の『情熱大陸』『ソロモン流』『プロフェッショナル』『ガイアの夜明け』といった番組も一通り録画していますが、これは情報バラエティ番組の源流となっている人が登場するためです。これらの番組で紹介された人が、やがてバラエティ番組に出て、認知度が高まっていくという一連のプロセスに注目しています。

もちろん、テレビの情報が直接役立つこともあります。たとえば、東京スマートドライバーのロゴにピンクを使うきっかけとなったのは、「アメリカの刑務所で、受刑者の服をピンクにしたら再犯率が激減した」というバラエティ番組の情報でした。

インターネットの情報は、プロのつくり手の目を通していないので玉石混淆です。その点、テレビは、完璧ではありませんが、精査された情報が入ってくる可能性が高いメディアだと思っています。

雑誌とテレビは、「情報の源流」を意識してインプットする

「プロの手を経て届けられているものがいい」という意味で、僕の情報源は、テレビ、新聞、雑誌です。『朝日新聞』『日経新聞』『日経MJ』は必ず目を通し、とくに自分が普段見ていないような記事を念入りに読むようにしています。

テレビは前述したとおり幅広く観ますが、それは雑誌も同じです。**コンビニに置いてある女性ファッション誌もスポーツ誌も週刊誌も、隅から隅まで読みまくるのが、僕のマーケティング方法でもあります。**

中でも女性ファッション誌は、マメにチェックしています。流行は、「衣食住」の順に広まると考えているからです。たとえばモロッコ風ファッションがはやったら、次いでそのエリアの食がはやりだし、やがてインテリアにも取り入れられていくという具合に。

しかし、「一番売れている女性ファッション誌が流行をつくっている」というのは早計です。同じ雑誌でも、**流行の「源流」を取り上げる役割のものと、源**

流から発信されている情報を広めていく役割のものがあるからです。

ファッションの場合、源流はパリ・コレクションです。パリコレで発表されたものが業界紙や専門誌に載り、ファッションメーカーの人がリサーチをかけます。そのあと、女性ファッション誌の中でも「感度が高い媒体」で記事になります。パリコレ速報を載せているのは、いわゆるモード系の女性誌。感度が高い人が読むものです。彼らはいわゆる「尖った人たち」でしょう。

文化的な情報であれば、『家庭画報』のように富裕層を対象にした贅沢な雑誌も、源流から流れ出て間もない段階で記事にします。

富裕層にしても尖った人たちにしても、全体に占める割合は多くありません。感度は高くてもマイナーな存在ですから、この段階では大流行には至りません。しかし、尖った人や富裕層は、情報を発信する力もあるので、流行を広めていく役割を果たしています。

面白いのは、新聞というのは『朝日新聞』や『New York Times』のような一般紙でも、パリコレの速報を載せること。その意味で新聞は、「源流に近い媒体」といえますが、特集を組むわけではありません。流行が広まるプロセスの中で、新聞はちょっと別の位置にあるととらえていいと思います。

そのあと、感度のレベルに従って、何段階かに分かれていろいろな雑誌に波及していきます。「売れている雑誌＝感度が低い人が読む雑誌」では決してありませんが、購読者が多いというのは、それだけ一般的な雑誌だということです。

メジャーな雑誌に載っているとは、**これが流行で、みんなが持っているなら買わなくちゃ、と思う「丸い人たち」の支持を得ているということです。**

「丸い人たち」は、多数派であり、情報を受信する側です。彼らの人気を得ていると、一見「まさに流行の盛り」に見えますが、すでにおわかりのとおり、そろそろブームは終わりに近づいています。源流のパリコレではもちろん、「尖った人たち」に向けた雑誌では、すでにまったく違う新しいものが発信されているでしょう。

気をつけなければいけないのは、多くのマーケティングが「丸い人たち」を対象に行われているということ。そもそも人数が多く、主流となる人たちなので注目しがちですが、下流からスタートして商品開発を始めたら、出来上がった頃には流行が終わっているという事態になりかねません。**ひととおり雑誌に広まる頃、テレビの情報番組でも紹介されるようになります。**

テレビの情報番組の制作現場では、よく、「この情報はまだ早い」「そろそろイケる」という会話がなされると聞きます。つまり、その情報が、テレビを観ている一般的な人に受け入れられる段階まで浸透してきているかどうか、判断しているのです。

僕が情報バラエティ番組を見ているのも、「ああ、このあたりまで広がってきた」というのを確認するためでもあります。視聴者参加型番組であれば客席にいる人の多くは、「この芸能人が着ているからおしゃれ」とか「この人が面白いと言っているから、面白い」と感じるタイプ。**情報を受信した人に、しばらくしてから「つられる人たち」です。**

テレビ視聴率の鍵を握っているのも「つられる人たち」ですが、彼らは影響力をもっていないので、ターゲットとして企画を考えてもうまくいかないでしょう。

法事などで田舎へ行くと、親戚のおばちゃんが「買ったばっかりよ！」と、すでに忘れていた服をうれしそうに着ていて、「ああ、流れは終わったのか」と確認したりします。

ファッションを例に説明しましたが、衣食住はすべて、このパターンで見るようにしています。料理なら『ミシュラン』『ザガット・サーベイ』や一部美食家が源流におり、インテリアであれば、毎年春に開かれる国際家具見本市、ミラノサローネが源流です。

好きなもの、興味のないものをとりまぜていろいろ見ることも大切ですが、この流れを知ったうえで「今、どのメディアで情報が伝達されているか？」と考えると面白いのではないでしょうか。

一年で四〇年分の音楽を聴く

インプットの醍醐味は、「これまでの自分が壊れること」にあります。

僕は子どもの頃からどういうわけか、「自分なんて、たいしたものじゃない」と思い続けてきたふしがあります。

一人っ子だったことが影響しているのかもしれません。キャッチボールをしても、比較対象は、父か、テレビの中のプロ野球選手。お兄ちゃんがいる友人ははやりの音楽や映画にも詳しいけれど、自分は知らないことだらけ。「僕なんて全然ダメだ。もっとがんばらなきゃ！」と、どこか焦りながら、成長してきたのです。

そんな僕でも、悲しいかな、年齢とともに「自己というもの」が固定されます。感受性が固くなるにつれて、「今のままでいい」と落ち着いてしまいます。

自分の感性が古びていくということを、自覚しておくべきだと僕は思っています。

がくんと下降することはないものの、ゆるやかな下り坂に向かう分岐点が二五歳頃に訪れるということに、いかに気づくかが重要です。気がつきさえすれば、「新しいものを入れていこう」と意識することができます。意識すれば、行動できます。

たとえば、歌。僕の世代では、「日本人がヒップホップを歌うなんて、違和感がありすぎだ」と思うのが普通です。ところが今の二〇代以下にとっては、日本の歌手のヒップホップこそ、身近でなじみ深いものです。ここで、「俺は和製ヒップホップなんか嫌いだ」と断ち切ってしまうのか、あえてダウンロードして聞いてみるかで、道は分かれます。

ときどきクライアントなどで、年齢を重ねているのに若い人の曲をカラオケで歌う方がいますが、これも一つの工夫だし、きっと考え方も柔軟なのだろうと感じます。

僕は昔、音楽にあまり興味がなくて、CDも一〇枚くらいしかもっていないありさまでした。ところが、あるとき友人のカメラマンにすすめられたのです。

「水野君はデザインができるのに、音楽を聴かないね。でも、音楽を聴けば、もっといいデザインができるようになるよ」

本当かなと思いつつ、僕は一年で五〇〇枚ほどＣＤを買い、往年の名盤を中心に聴きまくりました。**人の四〇年ぶんを、一年で聴いたくらいの勢いです。**

その後、音楽がデザインに影響を与えたとは感じませんが、ビートルズが現代音楽シーンにまで与える影響がいかに大きいかに気づかされました。

素直に言われるままにインプットし、思わぬ副産物を得たと、友人に感謝しています。

気の合わない友だちこそ面白い

なんにでも顔を出す。誘われたら断らない。これが僕の人付き合いの原則です。昔から業界内の集まりには全部行くようにしていましたし、食事会でも飲み会でもイベントでもパーティでも、誰かが誘ってくれたら、なるべく行くようにしてきました。

いろんなところに顔を出して、いろんな人に話しかけてみると、自分では思いもしなかったようなことが聞けるし、まるで縁がなかった場所に行けたりします。

出会って二〇秒の女性から「歌舞伎に行こう」と誘われたときも、迷わず承知しました。古典芸能などまったく興味がなかったのに、野田秀樹さん演出の「野田版 研辰《とぎたつ》の討たれ」はとびきり面白く、その彼女はもっと面白かったので、やがて結婚するに至りました。

妻とつながったことで、彼女につながるいろいろな人ともつながり、そのつながりが、またどこかにつながるという連鎖も始まりました。妻から紹介された、作家の長嶋有さん。真心ブラザーズの桜井秀俊さんとYO－KINGさん。もともと僕の友だちだったスタイリストの伊賀大介さんと、奥様で女優の麻生久美子さん。こうしたいくつかのコミュニティーがあり、「じゃあ、ここところを、くっつけてみようか」と集まりを計画し、そこからまた別のつながりが生まれて、広がっていく。

自分たちで「どんどん広がれ！」とばかり会を主催していると、人からもそうした集まりに呼んでもらえるようになります。最近では、新たな輪を広げるよりも、こうして出会った人たちとの関係を「深める」だけで、時間が足りないほど。気が合う人たちの小さなコミュニティーで固まっているのも居心地がいいかもしれませんが、むしろ気が合わないくらいの「自分と違う人たち」とふれ合うことで、常に新たな発見があります。

そのためには、まったく初対面で属性も違う人とも盛り上がれる話題をもっていなければなりません。それこそ自分の専門性が生きる部分かもしれな

いと感じます。

たとえば、元ヤンキーの友人はプロレスの技について熱く語ります。プロレスをまったく知らない「おたく」の友人は、士郎正宗《しろうまさむね》さんのマンガ『攻殻機動隊』（講談社）の戦闘法とプロレス技の類似点を述べます。趣味趣向が偏って噛み合いそうもない二人が、それぞれの専門性、いや特異性（?）で、見事に噛み合ってしまうのです。

一人っ子だった僕に、両親は言いました。「親が死んだら、おまえは一人なんだから、友だちはきっちり大切にし、まわりにいる人を大切にしなさい」と。

この教えのおかげもあって、さまざまな人とかかわる楽しさを、僕は知った気がします。

アプローチは直球でいく

どんな有名人でも、偉い人でも、怖い人でも、嫌いな人は嫌いでおしまい。メリットがあろうとなかろうと、近づきたいとは思いません。

しかし、すごいな、すてきだな、尊敬できるな、そう感じる人がいれば、僕はすぐになつきます。自分が好きだという気持ちを、照れも飾りもなく、まっすぐに表します。

なるべく続けたいと思っている習慣は、お礼状。

仕事でお世話になったり、ごちそうになったりしたら、できる限り手紙を書くようにしています。出会って、すばらしいなと思う人がいたら、やはり手紙をしたためます。

「拝啓　秋が深まってまいりました……」で始まり、「今後とも、ご指導ご鞭撻のほど、よろしくお願い申し上げます」で結ぶといった、かなり固い文面です。

しかし、その後に「追伸」として「飲みてえ〜！」と書いてしまう。もっと親しくなりたいという自分の気持ちを、直球でアプローチする、いわばラブレターなのです。

「どこそこのレターペーパーがいい」とか、「ペンは万年筆に限る」といったこだわりがあると続かないので、身近にあって自分が書きたいものでかまわないと思います。

もう一つ、続けていきたいと思っているのは、誕生日のプレゼント。

Ｇｏｏｇｌｅカレンダーを使って、まわりの人の誕生日は、たいてい入れてあります。

京都で見つけた骨董を贈ることもあれば、マンガ一〇巻セットだったり、贈り物はさまざまです。

友人のカメラマンには、彼の三人の子どもの名前をフランス語のロゴにした、オリジナルTシャツを。デザイン費をカウントしなければ、一万円もあればつくれるものです。しかし、ちょっとした「特別」を込めれば、お金で買えないプレゼントになるのではないでしょうか？

憧れの存在でもある小山薫堂さんが『おくりびと』でアカデミー賞外国語映画賞を取ったときは、ユニクロのポロシャツにオスカー像を刺繍してプレゼント。肖像権の問題があるのであくまで個人の楽しみとしてですが、「ユニクロにオスカー刺繍」というしゃれを、薫堂さんは面白がってくれました。

人とのかかわりは、素朴に、ベタに、面白く。

そこには公私の区別というこだわりもありません。仕事は人生と混ざり合っているほうが楽しめると、僕は思っています。

本は「一〇〇年分の捏造」に価値がある

本を一冊読めば、僕はそこから一〇〇くらい、何かしら考えるヒントを得ます。

そのぶん読む速度は異常に遅くて、長いものだと半年くらい読み続けていたりします。飽きっぽいので、仕事場に五冊、自宅に五冊。なかには、旅に出たときしか読みたくないような本もあり、「この間、ニューヨークに行ったときに三章まで読んだから、ドバイに行くときに続きを読もう」などと思っていると、読みかけの本がどんどん増えます。

たった一行であろうと、どこかで「いいな」と思うと立ち止まり、調べたり、あれこれ考えたり、そこから仕事に結びつけたりするので、読み終えるのに時間がかかるのです。

僕が好きな本は、歴史的なものと、人の考え方をまとめた本です。

一〇〇年単位で残っている歴史的な物語や人物は、おそらくその過程に何かしらの「捏造」があります。草履取から天下統一を果たした豊臣秀吉。日本の歴史を大きく変えた坂本龍馬。史実を実際以上にドラマチックに脚色したり、人の気持ちを引くようにキャラクターに味付けをしたからこそ、時代を超えて生き残ってきたのだろうと想像しています。

歴史学者でない僕は、人の心に響くよう捏造された部分にこそ、魅力があると感じます。その工夫がアイデアに通じるし、一番の面白さはそこにあるとさえ思うほどです。

人の考え方をまとめた本では、養老孟司さんのファンです。物事を俯瞰したちょっとシニカルな視点と、ずばり本質をとらえた言葉にひかれます。難しいことをやさしく言っているという意味では、養老さんと並んで脳科学者の池谷裕二さんの作品もよく読みます。解明できないことを、わざわざ難しい言葉で固めて理論武装しているような本は、どうにもいただけません。

以前、竹中平蔵さんと対談させていただいたときにも「すごい！」と感銘を受けましたが、本当に頭のいい人は、難しいこともやさしく言えるのではないでしょうか。これもまた、デザインに通じると感じています。

人生哲学では、ちょっぴり恥ずかしいのですが、本宮ひろ志さんの『サラリーマン金太郎』（集英社）が愛読書。おそらく、「こう生きたら、こう成功する」なんてルールはなく、基本は人間力であるということは、主人公の矢島金太郎を見ていればわかります。多分に脚色された歴史ものでありながら、生き方を学べる本として、隆慶一郎さん原作の前田慶次の生涯を描いた漫画『花の慶次』（原哲夫画、徳間書店）も大好きです。

漫画だろうと文字だけのものだろうと、とらわれずに読むのがおすすめです。

旅をして、情報と経験を混ぜ合わせる

「知識のインプット＝情報を増やすこと」と思ってしまいますが、すべての情報は、経験と混ぜ合わせないと知識になりません。

とくに海外の知識のインプットは、両方あって初めて完結します。

純然たる「海外情報」のインプットという意味では、テレビや雑誌が便利です。加えて、インターネットで検索すれば、たいていのことはわかります。

しかしこの情報は、単なる情報。知識とは呼べません。実際その土地に行ってみなければわからないことは、僕たちが想像しているよりもたくさんあります。

たとえば、「パリのシャンゼリゼ大通りにある凱旋門」と聞いて、どんなものかパッとイメージできる人はたくさんいるでしょう。一度もパリに行っていなくても、テレビや雑誌、映画などで目にした「凱旋門」を知っている日本人は珍しくありません。

僕も、フランスに行く前から、凱旋門がどんなものかは知っていました。しかし初めてパリに行ったとき、凱旋門は僕のイメージの中のそれより、ちょっと大きかったのです。冗談で「一四〇パーセント拡大だったよ」と言うのですが、かように見ないとわからないことはたくさんあります。

自分の頭が、うわべの情報だけで物事を判断して、知らない間に自分に嘘をついてしまう。そうしたことは、案外たくさんあるのです。

京都が美しい都だと知っていても、歩いてみなければ、街の真ん中に流れる鴨川が生み出す、整然とした秩序は感じ取れません。生ハムを食べたことがあっても、パルマに行って土地でしか味わえない生ハムをほおばらなければ、本当のおいしさはわかりません。

スイスのチューリッヒを旅したときは、建物から看板、路面電車に至るまで、堅実さとかわいらしさが絶妙なバランスで調和した街並みに心奪われました。NTTドコモの携帯クレジットサービス『iD』のロゴを開発するにあたり、コンセプトを「信頼」と設定したとき、ふと思い出したのは、この街がもっている空気感でした。

結果的に『iD』のロゴは、シンプルで真面目そうでありながら、やわらかな丸みを帯びたかたちになりました。旅で訪れた街がヒントを与えてくれたわけですが、写真集で眺めただけだったら、あの空気感までをとらえることはできなかったと思います。

自分の主観という一方向だけではなく、多方向から物事を見る癖をつけるために、感受性豊かで、自分の考え方が定まっていない若い頃こそ、大いに旅するべきだと思います。

「得意なこと」を失ったときが成長のチャンス

アートディレクター、デザイナーと言うと、子どもの頃から繊細で家にこもっているタイプを想像する人が多いようですが、僕は真逆でした。とにかく運動が好きで、得意科目はダントツで体育。将来は甲子園に行くのだと、本気で思っていました。

ところが小学五年生のとき、交通事故にあって大けがをします。膝の靭帯がずたずたになり、「一生、歩けないかもしれない」と宣告されるほどの事故でした。幸い、親が名医を探してくれたので、靭帯はきれいにつながりましたが、中学を卒業するまで体育は見学。松葉杖で登校することになり、初めていじめにあう経験もしました。

いじめられたら松葉杖で殴り返すくらい元気はあったし、高校生になると元通り運動できるようにはなったのですが、スポーツでの未来を考えることは無理でした。

そんなとき、僕は気がついたのです。子どもの頃から絵を描くのが好きだったということに。事故のあとは、ずっと絵を描いたり、プラモデルをつくったりして過ごしていました。

運動という「得意なこと」を失ったとき、本を読んだり絵を描いたりと、これまでしていなかったインプットの時間をもったから、美術というもう一つの道が見えてきました。**得意なことをなくしたときは、ほかの何かを見つけるチャンスなのかもしれません。**

多摩美術大学に入学したものの、僕はどうもなじめませんでした。前述したとおり、「個性的な美大生」を気取った結果、みんなが「個性的な美大生という、よく似た集団」になっています。美大生になりたいのではなく、デザイナーになりたかった僕にとって、同級生は時代の空気や流行に対して鈍感すぎるように感じられました。

そこで熱中したのがラグビーと旅。**インプットは頭でするものというイメージがあるかもしれませんが、体を動かしてこそ、脳にダイレクトに届くことがあります。**

ラグビーでは、決して勝てない相手がいること、悔しさ、あきらめという精神的な学びを得ました。また、ひたすらバイトして貯めたお金で三カ月放浪したヨーロッパでは、ゴッホの足跡を辿ってパリから南仏へと移動し、光が次第に強く、眩しく変化していくことに感激しました。ゴッホはこの光を求めて南仏へ行ったのだと、身体で感じることができたのです。三万円で何日京都にいられるかに挑戦し、親父のジャケットに学生服のズボンを合わせて料亭に行ったことも、体験したからこそ血肉となったインプットでした。

すべての経験に、無駄はないと感じます。

接着剤

その7

時代の「シズル」を嗅ぎ分ける

デザインのゴールは「よくすること」ですが、
世の中をよくするためには、
多くの人に届けなければなりません。

商品をヒットさせるのは、
多くの人に届けるための、一つの方法。

商品をヒットさせるためには、
商品そのものの力と、「シズルの演出」、
時代性というエッセンスが必要です。

商品力＋シズルの演出×時代性＝ヒットの公式

商品力とは、「本体＋コンセプト＋ブランド力」でできています。

サントリーのウーロン茶であれば、本体は烏龍茶。品質や味も、ここに含まれます。そこに「食事をおいしくするお茶」というコンセプトと、サントリーのブランド力が加わり、商品力となります。

新商品をヒットさせようというとき、大切なのはこの商品力です。しかし、よい商品であることは当たり前で、それだけで売れることはありません。

よい商品が、よい商品であると伝えること。それが「シズル」の演出であり、「ほしい、買いたい」という本能をかき立てること。それが「シズル」の演出であり、僕たちアートディレクターの仕事です。

たとえば「中国福建省公認の名誉茶師が選び抜いた茶葉、中国っぽいパッケージ、健康によい」といったイメージを伝えるデザインをアートディレクションし、購買に結びつけるのが、シズルの演出です。

シズルとは、sizzle という英語がもとで、肉が焼けるときの「じゅうじゅう」という音をさします。ここから転じて、「よさそう、おいしそう、楽しそう、面白そう、ほしい！」といった商品を買いたくなる気持ちを表す言葉として、広告業界で使われるようになりました。

商品力とシズルの演出は、ヒットを目指して走る車の両輪です。僕はシズル部隊の隊長として全力で戦いますが、時には商品部隊であるクライアント側に立ち、「こんなものをつくったら面白いんじゃないですか？」などと提案するといった、連携プレイもします。

シズルの演出と商品力が合体したら、「どのくらいの期間、売りたいのか？」という時代性を振りかけて仕上げます。一年から長くてせいぜい五年売りたいのなら、「今」を感じさせる時代性をパラパラッと。最低五年、できれば二〇年売りたいのなら、「普遍性」という時代性をパラパラッとトッピングします。

商品力＋シズルの演出×時代性。この公式がすべてうまくいったとき、その商品はヒットというゴールにたどり着くのです。

時代性のトッピングもまた、僕の仕事の一部ですが、やはり一番力を入れるのはシズルの演出。シズルとは奥が深く、幅広いものです。ビールを売るときには、缶のデザインや清涼感を演出するポスター、CMに登場するタレントだけでなく、泡も枝豆もプロ野球も夏という季節も、すべてシズルだと考えねばなりません。

シズルは「らしさ」の演出である

シズルを演出するうえで気をつけていることは、商品に無理をさせないこと。

面白いデザイン、目を引く広告を追求していると、意外性を求めるように感じるかもしれませんが、シズルは王道であるべきだと僕は考えています。「新鮮さ、面白さ、意外性」の演出は、最後にパラパラ振りかける時代性の役割です。

この本を含めて、僕は装丁も手がけます。書籍という商品にふさわしいシズルは、「巨乳の女の子が挑発的なポーズをとっていて、ショッキングピンクのゴシック書体でタイトルがついている」というものではありません。村上春樹さんの本のような飛び抜けた商品力があるものなら、化学反応が起きて爆発的なシズルとなるかもしれませんが、これはあくまで例外。少なくとも僕の本では無理でしょう。

王道のシズルとは、商品の本質に似合う洋服を着せてあげるようなことだ

と思います。

たとえば、凛とした木のような東京ミッドタウンに、ピンクのレースがひらひらした服を着せたら、シズルを演出するどころか魅力を殺してしまいます。シンプルですっきりとして、洗練された服が似合う、それが東京ミッドタウンなのです。

独自のシズルをもっているキャラクターの力を借りる演出法もありますが、相性も大切です。たとえば、ハローキティは幅広い年齢層の女性に人気があり、日本を代表するキャラクターとして国際的にも知られていますが、「朝日新聞を読もう!」という女性向けのCMで力を発揮するかといえば疑問です。仮に朝日新聞を「歴史小説が好きな区役所勤務の男性」と擬人化するとしたら、彼とキティちゃんの取り合わせは、意外性を通り越して違和感しか抱かせません。多くの女性は、「キティちゃんは好きだし、朝日新聞を読んでみてもいいけど、一緒に来られても困る」と感じる気がします。

和食の店にワインを置くのは、「和食とワイン」という取り合わせが普遍性を獲得しつつあるので、面白いシズルになり得ます。しかしイタリア産のワインの品揃えで特徴づけているのだったら微妙です。ウンブリア産のワインと鮪《まぐろ》の取り合わせのおいしさをアピールするより、山梨のワイナリーのきりっとした手づくりワインと刺身の相性を強調したほうが、よりすんなりと受け入れられるシズルの演出になると思います。

僕はその商品の「らしさ」の演出を大切にしていますが、シズルの演出によって、その商品のコンセプトやブランド力まで変えてしまうアートディレクターがいます。

「世の中には、三流、二流、一流のほかにスターがいる」というのは放送作家の鈴木おさむさんの言葉ですが、大貫卓也さんはまさにスターといえる存在だと思っています。

なかでも衝撃的なのは、一九九二年、日清食品のカップヌードルの「hungry?」。この広告が出る前のカップヌードルは、手軽だけれど、料理をつくらないなまけものが食べるものというイメージでした。

ところが大貫さんは、「hungry?」という言葉と、それを表すポップでジャンキーな書体で、「カップヌードルとは三度の食事とは違うもの」と定義しました。つまり、「ちょっと小腹がすいたとき、気軽に口にできるおしゃれな食べ物」というポジションを生み出したのです。

「hungry?」というコピーによって演出されるシズルは、カジュアルでポップなアメリカ。それを効果的に印象づけるべく、ヴィジュアルは広大な大陸です。時は原始時代、大きなマンモスと米粒のような人々。この取り合わせはインパクトがあり、日本の食べ物なのに、「アメリカから来たおしゃれなスナック」という逆輸入品のようなブランディングにもなっています。

これは「王道」とはまた違うやり方だと思いますが、すばらしいのはやはり、その商品のシズルに無理をさせていない点です。カップヌードルの本質を十分に理解し、商品のステージを無理に上げていません。つまり、「健康的で、家族そろって三食食べるもの」といったポジションにカップヌードルは位置していないし、これからもしないであろうことを計算したうえで、新しいぴったりの居場所を消費者に向けて示したということです。

大貫さんは、王道の中にある新しさを演出できる、希有なスターです。

一九八六年に手がけられた、としまえんの「プール冷えてます」は、鳥肌が立つようなすばらしいクリエイティブですが、「冷やし中華、あります」という既存の表現の中から、新しさをさらりと抽出したからこそ、人の心に残るのだと思います。

世の中に出るほとんどの広告は、「買ってくれ」「使ってくれ」「飲んでくれ」と訴えますが、大貫さんの広告はあえてそう言わず、それでいて消費者が思わず買いたくなる仕掛け――シズルの演出――が施されています。

商品の「らしさ」とは表面に見えるものだけではないことを、大貫さんの仕事はいつも教えてくれます。

時代性というエッセンスのつくり方

時代性というエッセンスを的確にとらえるために、心がけていることがあります。

一つは、常に自分を更新し続けること。

前述したとおり、人の感性は二五歳頃に下り坂に向かう分岐点を迎えます。「センスの成長は二五歳で止まる」というのが僕の持論なのですが、ファッションは顕著な例だと思います。「あの人、なんだか古くさいな」と思うとき、その人は自分が二〇歳の頃にはやった髪型をし、当時好きだった服を着ています。学生時代にアメカジがはやっていたなら、四〇代になってもアメカジを引きずっている、そんな人は案外多いものです。

僕はファッションにしても王道が好きで、ワードローブはシンプルで長く着られるものがそろっていますが、それでも意識的に、流行しているものも、似合わなくても着るようにしています。自分のセンスの成長が止まっているのなら、自分で更新しなければ、時代性というエッセンスは振りかけられません。

流行とは一定のサイクルで繰り返されるので、過去を知っていればこれから何がはやるのか、ある程度の予測はできます。ここで注意したいのは、まったく同じものが繰り返されるわけではないということ。八〇年代ファッションが再びはやっても、八〇年代そのままの格好で歩いたらコスプレになってしまいます。ほんのちょっとずれて繰り返される流行の微妙なずれ加減をとらえることも、時代性というエッセンスをつくる方法だと思います。

しかし、「現在」だけに振り回されると足をすくわれます。「その時代だから評価されるもの」というのは、確かにあります。デザインはその最たるもので、「そういえば、そんなのあったね」と言われるケースは多いのです。

でも、僕がデザインを通じてなしたいのは、世の中を「よくすること」。打ち上げ花火みたいに一年だけ大ヒットして消えてしまうものに、世の中をよくする力があるとは思えません。

だから少なくとも、一〇年、二〇年の単位で時代性をとらえたいし、物事を考えたい。ヒットを目指すのは五年先に残るためであり、もっと言えば一〇年先、二〇年先の世の中をよくするために、今のヒットをつくりたいと願っています。

それに、現在だけをとらえたものは、飽きられるのも早いのです。

デファクトスタンダードを生み出せば、世の中が変わる

大ヒットを狙うなら、マスに訴えかけねばなりません。先に述べた「尖った人」ではなく、「丸い人」を一気にすくう。それに「つられる人」を巻き込んで大ヒットは生まれます。

マスに訴える方法の一つは、パワーゲーム。

強烈なシズルを演出し、一気に大量にばらまけば、あっという間にマスに浸透する効果があります。商品も大量なら、広告も大量に。具体例をあげると、資生堂のシャンプー「TSUBAKI」の初期CM。何人もの女優をずらりと並べ、強力なシズルを演出するという常識を覆したCMで、瞬く間にあらゆる年代層の女性に浸透しました。ペプシのペットボトルのキャップに、『スター・ウォーズ』のキャラクターをつける。これもパワーゲームであり、強烈なシズルの演出です。

この二つを手がけたのは、大貫卓也さん。大貫さんの才能あってこそ成功した

例ですが、クライアントの莫大な資金力が不可欠なのがパワーゲームです。

マスに訴える方法の二つ目は、スーパーポップ。

瞬間風速的に盛り上がり、消えていくものです。歌手で言えば一発屋のようなもので、どんなに地味な歌でも大流行して突然消える一過性のものはスーパーポップでしょう。

三つ目の方法は、スタンダード×時代性。

アイデアや商品に限らず、すべての新しいものは、すでに知っている「スタンダード」でできています。スタンダードとは文字通り基本であり、僕は先ほどから使っている「王道」という言葉と同じ意味合いでとらえています。

スタンダードなものには、時代性、技術、信頼といったさまざまな要素を掛け合わせることができます。そこら中に転がっている「かけらとかけら」の組み合わせに意外性があると、イノベーションになります。

「スタンダード×時代性」は、マスに訴えかける効果的な方法の一つ。既視感があるスタンダードに何かしらの新しさが加わると、人の心を広くつかみます。

マスをターゲットとしたNTTドコモの新サービス『iD』の企画立案と広告展開に参加した際、僕が選んだのは「スタンダード×信頼」という手法でした。

NTTドコモは携帯業界において、王者といえる存在です。若者からお年寄りまで、男女を問わず幅広い層のターゲットをもっています。二〇〇六年当時、auは若者をターゲットとしたポップな戦略。マスに訴えかけるのとはやや異なる方向性にありました。当時のボーダフォンは、ソフトバンクによる買収で揺れていた時期。やがてソフトバンクは、キャメロン・ディアスやブラッド・ピットなどのハリウッドスターを登用したコマーシャルを打ち、パワーゲームで巨大マスへと訴えかけていきます。

NTTドコモにも、パワーゲームをやる体力はありました。しかし、新しいサービスは「携帯電話でクレジット決済をする」という、かつてないものです。九〇年代に、これほど携帯電話が当たり前のものになると思っていた人は、あまり多くはいませんでした。しかし、主たる電話は家の固定電話から携帯に変わりました。これは、携帯電話がデファクトスタンダード（事実上の基準）をつくり出したということです。

大貫卓也さんのようなアートディレクターは、カップヌードルの例を見てもわかるように、一つの広告でデファクトスタンダードをつくり出します。

「新しいサービスを始める仕事に携わるなら、デファクトスタンダードを目指したい」

僕はそう考え、それにはパワーゲームやスーパーポップではダメだと思いました。

スタンダードに、何を組み合わせるか。その答えを知るには、デファクトスタンダードという目的を、より具体的にせねばなりません。サービスの特性も考慮すると、このプロジェクトがなし得るデファクトスタンダードとは、「携帯電話に個人情報が集約され、自己の存在証明（アイデンティティ）になっていく」ことだとわかりました。携帯はもはや、電話をかけるだけのものではありません。アドレスを見れば交友関係がわかるし、通話履歴を見れば行動がわかる。メールを見たら気持ちもわかります。そこにクレジット決済という経済活動が加われば、

「自己の存在証明」と言っても過言ではないものになります。

そこから、『iD』という名前が生まれました。コンセプトは「信頼」。携帯を財布代わりに使って大丈夫かというユーザーの不安を取り除くために、信頼という言葉は有効です。信頼はまた、王者であるNTTドコモにふさわしく、男女を問わず年代層が幅広いというターゲットを横ぐしで貫くこともできます。

この本を書いている二〇一〇年、セブン-イレブンでも『iD』が使えるようになりました。僕らの大いなる理解者だった、当時のNTTドコモ執行役員の夏野剛さんが、「認証音が大事」と何度もおっしゃっていたことを、今もよく覚えています。聞き取りやすいのはもちろん、気持ちよく、ほかに聞いたことのない、買い物が楽しくなるような、それでいて特別すぎない音。

かかわってから時間はたっていますが、こんなニュースを聞くとデファクトスタンダードに近づけたようで、僕はうれしくてたまらないのです。

三分の一の新しいファンに向けて変化を続ける

人の趣味嗜好が細分化されている時代です。みんなにウケるものより、ある程度絞られたターゲットに訴求力をもつ広告の需要が増えています。グッドデザインカンパニーが依頼される広告やアートディレクションも、パワーゲームでないものが増えてきています。

絞られたターゲットというと、ヘビーユーザーに向けたマニアックなシズルの演出法があります。たとえばアディダス・ジャパンは、アディダスのヘビーユーザーに向けた広告を多く打っています。

二〇〇八年四月に実施された『celebrate-originality キャンペーン』は、伝統あるブランドを改めてリスペクトしてもらうというキャンペーンでした。

アディダスブランドの一つ「オリジナルス」というファッションラインのリ・ブランディングが目的で、定番のスニーカー「スーパースター」「スタンスミス」「カントリー」を定番以上のものに位置づけようとしていました。そのために日本限定モデルが発売されたのですが、ドイツ本社が一つの国のために新モデルを開発するのは、まさに異例。それだけ日本のスニーカー市場への期待が高いということでしょう。

キーマンは、当時ブランドマネージャー兼クリエイティブディレクターを務めていた小松裕行さん。小松さんとの打ち合わせの中で、既存の媒体を使うだけでなく、デザインQRコードつきのピンバッジを街頭で無料配布するというアイデアがあがりました。

携帯サイトにアクセスし、自分の画像を送信すると、テンプレート上にモノトーン加工された画像が送られてくると同時に、専用サイトにもアップロードされるという仕組み。もちろん、その途中には商品情報のサイトがあり、宣伝できるようになっています。

これは、ターゲットを若い層に絞り、携帯電話をキーポイントにしたゲリラ的なアプローチです。高いアクセス数を得ることができ、無事成功を収めましたが、ターゲットの年齢層が違っていたらできなかったことだと思います。

ヘビーユーザーとヘビーユーザーを掛け算するという方法もあります。

人気コミック『BECK』（講談社）はロックバンドの物語ですが、アディダスが大好きという作者ハロルド作石さんのこだわりで、登場人物はみな、アディダスのスニーカーを履いています。そこで、ハロルドさんにアディダスのフリーペーパーに出ていただき、大量にばらまきました。これは、アディダスのヘビーユーザーと、『BECK』ファンの掛け算といえるでしょう。幸いフリーペーパーは好評で、アディダスが音楽シーンと結びつく、というシズルの演出となりました。

ヘビーユーザーとは「固定ファン」でもあります。この人たちをがっちりととらえていくためには、いかに継続していくかが大切です。

この際、「固定ファン」は全体の三分の二で、残る三分の一は、常に入れ替わる「新しいファン」という意識をもつようにしています。

ずっと応援してくれている三分の二に満足してもらわなければなりませんが、減ったり増えたりする三分の一に向けたシズルの演出がなければ、息の長い商品にはなりません。また、三分の一が増えていけば、ファンの全体数が底上げされるという結果になるのです。

異色のお笑いコンビ「ラーメンズ」は、熱狂的な固定ファンをもっています。劇作家としても活躍する小林賢太郎さんと、片桐仁さんの二人組。「笑われる」のではなく、緻密に計算された芸で「笑わせる」芸人でありたいという考えのもと、ラーメンズは基本的にテレビに出演しません。彼らの意向は、観客の反応が体でわかる舞台を中心に活動するというものでした。

初期から、彼らのブランディングにかかわっている僕は、こだわりをもつ固定ファンを強く引きつけ、その効果がまわりにじわじわと波及していく手法を模索していました。

その結果たどり着いたのが、「ファンが自慢したくなり、まわりの人が『いいな』と思えるもの」という施策。具体的な商品としては、「売れるポスター」です。

ファンがほしいポスターは、ラーメンズの二人の顔が載ったものでしょう。タレントなど人が商品である場合、顔は圧倒的なシズルの演出となります。

しかし、大きく顔が出たポスターはファンだけが喜ぶものであり、ファンでない人には「関係ないポスター」です。そこでいっさい顔写真を使わずに、クオリティの高いポスターをつくるという工夫をしました。ファンが部屋に飾っていてうれしいし、しかも誰に見せても自慢できるようなヴィジュアル。それを見た人が、ラーメンズのファンでなくても、思わずほしくなるようなポスター。

もちろん、ラーメンズの魅力を集約してデザインしたものなので、そこを入り口に新たなファンを獲得できる可能性は大いにあります。

デビュー当初は予算も少なく、印刷コストをいかに削減するか苦心しましたが、ラーメンズには、そうした工夫が最大限の効果として跳ね返ってくるパワーがあったのでしょう。彼らの「三分の一」は、うれしいことに、みるみる増加していきました。

「これだ！」と思うものは、腰を据えて売り続ける

ヒットを生み出す一番確実な方法は、たった一つ。

「売り続けること」、これに尽きます。

多少売れようが売れまいが、自分たちが「これだ！」と思ったものは、ずっと出し続ける。**継続することが何よりも大切です。**

「住めば都」という言葉があるとおり、人間は必ず順応する生き物です。続けていきさえすれば、多少見慣れないものでも、必ず相手のほうが順応してくれます。

商品開発にお金をかけるなら、「あれもこれも」とたくさんの企画を試して、二勝八敗となるやり方を、僕はいいとは思いません。

開発費の全部をつぎ込んで、自分たちが信じたたった一つのものをつくり、あとは販路の確保に尽力する。そのために、成功するまで一〇年かかったとしても、それでいい。

この覚悟があれば、必ずヒットは巡ってきます。

大塚製薬のポカリスエットは、発売して五年ほど、まったく売れなかったといいます。それでも、売れるまで売り続けたから、日本人なら誰でも知っている飲み物になったのでしょう。

「自分が信じたたった一つ」は、たぶん、そんなに突拍子もないものではないでしょう。

理性と感性のバランスが程よい。主観と客観の偏りがない。それはきっと、「すでに知っている枠の中に、ちょっとした新しさが混じっているもの」です。今までありそうで、なかったもの。王道でスタンダードなものです。

これを理想だと考えれば、アイデアは新たに生み出すより、既存のかけらとかけらをくっつけることが大切だと、理解できるのではないでしょうか。王道でスタンダードなものは、どこかに懐かしさ、普遍性を漂わせています。

自分がもっている「接着剤」を、よいものにしようと思うなら、一番確実な方法は、たった一つ。

「くっつけ続けること」、これに尽きます。

評判になろうがなるまいが、アイデアのかけらを拾い続け、くっつけ続ける。
「世の中をよくする」と信じられるものを、かたちにしていく。
自分たちが「これだ！」と思ったデザインを発信し続ける。
僕はこれからも毎日、接着し続けていくつもりです。

Epilogue
価値観を変えてくれるのは、いつも「人」

二〇代で独立して仕事がなかった頃、自宅のアパートの押し入れが、僕の机でした。無理矢理突っ込んだＭａｃでつくったのは、友だちの「結婚しました」ハガキ。

人とのつながりが不思議だと思うのは、このハガキを見た別の人が「うちのＤＭをつくって」と頼んでくれ、そのＤＭを見た人がペンキ屋さんだったので「うちのパンフレットをつくって」と声をかけてくれてという具合の連鎖です。

この連鎖の続きで今の自分は出来上がっていて、たぶん僕が手がけるデザインも、多くの人の影響を受けていると思うのです。

価値観を変えてくれたすごい人はたくさんいますが、第一にあげるなら、僕の師匠であり、かつて在籍したデザイン会社「ＤＲＡＦＴ」代表の宮田識さん。アートディレクターに不可欠な、客観性を教えてくれた人でもあります。

宮田さんが師匠なら、大貫卓也さんはスター。野球少年が憧れる、長嶋茂雄のような存在です。「接着剤その7」で紹介したとおり、デザインには時代を変える力すらあると教えてくれたのは、大貫さんでした。

アートディレクターの水口克夫さんは、僕の恩人。仕事がデキる人は、人としての魅力にも溢れているものだと教えてくれた人でもあります。

スタイリストの伊賀大介さんは親友であり、お笑いコンビ「ラーメンズ」の小林賢太郎さんは、一緒に「ラーメンズ」というブランドをつくり上げてきた同志。アディダスのクリエイティブなどを手がけるK．K．H．K．の小松裕行さんは、公私共にアニキのような存在。

小山薫堂さんは、仕事で遊んでしまうことを教えてくれた、憧れの人です。

そして、僕がこれまで出会った中で一番影響を受けた人は、妻でありプロデューサーでもある水野由紀子です。知識の量も、好奇心の量も、自主的に動く姿勢も、「なぜなんだろう？」と思う気持ちも、カラオケのレパートリーも、あっちこっちに旅した経験も、すべてにおいて自分をはるかに上回ると思えた人がパートナーになってくれたから、僕は一生懸命に仕事ができているのかもしれません。彼女との出会いは、僕の価値観を変える出来事でした。

すべて名前を挙げきれませんが、ほかにも、本当に大勢の方たちに教えられ、助けられ、支えられて、現在の自分がいます。

二五歳で独立した僕は、仕事で出逢う素晴らしい先輩たち、仲間たちから、学ぶことばかりでした。本書に書いたことの中には、そうやってお世話になったたくさんの方から教えていただいた仕事や生き方のヒントも、たくさん詰まっています。これまでお世話になったすべての方々に、心から感謝申し上げます。

そしてこの本をまとめるにあたってお世話になった、編集の青木由美子さん、朝日新聞出版の大崎俊明さんにも、深くお礼申し上げます。打合わせのたびに、新たな気付きと驚きを与えていただきました。お二人の力なしには、この本は完成しませんでした。

みなさんにも、数多くの人との出会いと、価値観を変えてくれるすばらしい人との出会いがあることを願って、ペンをおきます。

二〇一〇年秋

グッドデザインカンパニー代表
水野　学

文庫版　あとがき

三年半前、単行本として刊行された本書は、その後翻訳され台湾でも刊行されました。それだけでも嬉しいことだったのに、文庫化までされることになり、とても嬉しく思っています。同時に、どこか気恥ずかしさも感じます。なにも「照れる」という意味ではなく、もう随分昔のことのような気がして、まるで同級生に再会したような、そんな感覚を覚えるのです。

このわずか三年半の間にも、世界は劇的な進化を遂げています。それに伴い、自分自身を取り巻く環境も激変しました。執筆当時ぼんやりと考えていたことが確信に変わり、さらにさまざまな気付きがありました。

仕事をしていく中で、いわゆるクリエイターと呼ばれる職種以外の人にも「クリエイティビティを必要とされる場面」が圧倒的に増えたように思います。「アイデアを出さなければならない場面」も、はるかに増えているのではないでしょうか。「クリエイティブな能力」への需要は、急激な線を描きながら上昇し続けているように感じます（これが株なら〝買い〟でしょう。〈笑〉）。

執筆当時の僕の肩書はアートディレクター。企業のブランディングも数多く手掛けてはいましたが、広告やグラフィックなど、いわゆるデザインの範疇《はんちゅう》の仕事も半数程度はありました。

しかし近年いただく依頼は、「このブランド（企業）のブランディングをまるごと全部相談したい」という内容ばかり。クリエイティブディレクターとして企業の経営者と膝を突き合わせ、その企業の未来を考える、いわゆる経営のコンサルティングが大半になりました。

おそらくこれまでの経営コンサルティングでは、最終的なアウトプットの部分（つまりは商品やプロダクトのデザインやパッケージ）まで具体的に提案することはなかったでしょう。

しかし、技術力や開発力が飽和しつつある現代において、企業価値の創造は、経営戦略の構築だけでは完結できません。最終的なアウトプットまでをしっかりと形にしていくことなしには語れないものへと、変化してきたのだと感じます。

ただし、需要と供給のバランスというのはいつの時代も一致しないのが世の常。最終的なアウトプットを形にできる、いわゆるデザインを司る職業に携わる人の中で、経営者と語り合うスキルを身につけている人は、まだまだ多くないのが実情だと言わざるを得ません。

一方で、経営戦略には長けていても、「アイデア」や「センス」で勝負しなければならない場面になると急に苦手意識が前面に出てしまう、という人も多いでしょう。

どうしたらいいアイデアが出せるのか、と悩む多くの方にとって、本書が少しでもその助けになれたら幸いです。

最後になりましたが、解説をくださった芥川賞作家の長嶋有さんに、心から感謝を申し上げます。一緒に飲んでいるといつも爆笑が絶えない大好きな友人であり、同時に、会うたび必ず新しい発見を与えてくれる、尊敬する一人でもあります。

編集の青木由美子さんと朝日新聞出版の大崎俊明さんにも、改めてお礼を申し上げたいと思います。

これからも、解明できないものとしてブラックボックスの中に入れられがちな「デザイン」や「クリエイティブ」、「センス」などを、少しでも万人にとってわかりやすい「技術」へと変えていけるよう、考え続けていきたいと思います。

二〇一四年　春

水野　学

解説

長嶋　有

「デザイン」というのは自分に無関係なものだと思っていた。

デザインなどどうでもいいと思っていたわけではない。たとえば、かっこいい家電品を買いたいし、駅で素敵なポスターがあれば目を留める。そのデザインは「誰か」がすることで、自分はそれを受け止める側だと考えて生きてきた。

小説家になってもしばらくはそうだった。いくつかの作品を雑誌に発表し、初めて単行本を出せることになった時に、担当編集者がなにげなく放った言葉に驚いた。

「単行本の表紙、どうしましょうね」といったのだ。

え、僕もいっていいの？　と思った。表紙にアイデアや希望を述べていいのだ、と。本屋さんで売っているあらゆる書籍の、中身のテキストは作家の領分だが、外見のことは、プロの出版社が決めているんだと思っていた。この内容の本にはこのカバーがふさわしいと「考えて決める」のはそちらの領分だ、と。

もちろん予算の都合もあるし、売れっこない露悪的な表紙では出版社も困る。だがとにかく自分の作品が「着る服」に対して、自分にも意見をいう自由と義務があったのだ。

最初の「どうしましょうね」という、この問いに対し僕は「○○さんだといいな」と、画家の名前をあげた。「本の表紙＝絵のこと」とまず、思っていたのだ。二冊、三冊と本を出すうち、そうではないと気付いた。だんだん「この編集者は実質ノープランだな」と（半ば呆れながら）ほぼ僕主導で、ときに喧嘩しながらアイデアを出していくようにもなったし、本の表紙をどうするかというのは実際には絵だけでない、本の大きさや固さ、紙質やロゴや文字の配置も含めた装幀＝デザインのことだと自覚するようにもなっていった。

水野さんと知り合ったのはそのころだ。僕のデザインへの気付きは右記のようにとても鈍い、はなはだ次元の低い、猿から人間への進化を描いた図でいうならアウストラロピテクスレベルのものだったので、プロの水野さんに対して自著のデザインを語るなどおこがましい、むしろ編集者とのいがみあい（？）も含め、面白おかしい失敗談のつもりで話したのだったが、水野さんは僕の「本の表紙＝画家の名前をあげる」無知をバカにせずに聞いてくれたし、そうやって気付いていく個人の発見を、真面目に褒めてくれた。

そこには、知り合ったばかりの友人への優しさもだが、水野さんの「考え」も既に発揮されていたと思う。デザインは誰かがするものだが、プロとかアマチュアとかは関係ない、僕やあなたがいつでもその誰かになりうる。デザインは特権的なことなんかではない、身近な生活の中でも、いつでも誰にでも不意に発生することなのだ。素朴に僕がそう気付いたことに対し、水野さんは「同志ができた」と喜び、祝福してくれた、そんな感じを受けた。

本書は一応、ビジネス書という括りにいれていいだろう。実際、上司やクライアントのいる人に向けての言葉が書かれているし、仕事の実例も多い。ドコモのｉＤやスポーツドリンクなどさまざまな例が具体的で、出し惜しみがない。

だけれど、ここに記された言葉を仕事に限って捉えるのはもったいない。ここには、楽しく生きるコツのようなものがある。

様々な仕事の例や太字になった箴言《しんげん》の合間に、なにげなくあちこちに、彼の若者時代の回想が入る。どうやら相当、苦労したようだ。じん帯を損傷するほどの長期の怪我、デザイン会社をやめ、押し入れを机がわりにしての作業、高層ビルから景色を眺めるだけの日々……かつての会社の上司なら「自慢げ」に語ったであろう数々の逸話だが、読んでいてそんなニュアンスがまるでないのが不思議だ。

貧乏なころ、高い建物から景色をみてなにかを思うなんてのは、さまざまな人の苦労譚《くろうたん》によくあるものだ。俳優の吉田栄作さんは若い頃、東京タワーから地面を見下ろして「人間ってなんてちっぽけなんだろう」と思い「俺はビッグになる」と誓ったそうで、「吉田さん、それ縮尺、縮尺ですから!」と誰もがツッコむところだが、貧乏でランチも食べられずにお洒落なビルの屋上で佇んでいながら少しも卑屈にならず——というか、水野さん自身の自意識はないかのように——遠くの窓の人々のことだけを思う。

別に苦労なんかしてない、というような過剰な謙遜もない。だから、もやしも押し入れも出てくるけど、卑屈でないというのはどの逸話にも通底している。僕も若くて貧乏な時、なにかといえばもやしを食べた。栄養と価格を思うと誰もがたどり着くのだ。もやしの袋の薄さを二人で思い出して笑ったりしたが、彼も僕もたぶん今も普通にもやしをモリモリ食べる。もやしに恨みが少しも残っていない文章だ。文章の中で高層ビルやもやしを書くことが、なにかの象徴に響くという感覚が水野さんにはないのだ。苦労しなかったということではない、苦労したという意識が心から薄いのだろう。楽しそうだ。

楽しく生きるというのは、楽しそうなことだけしてるということでもない。むしろ厳しい。本書でも、特に部下に対し厳しい様子がしばしば出てくる。「本気で怒る」のだ。デザインに憧れる若者の先入観を、彼は壊していく。人交わりは苦手で、ｍａｃにばかり向かってセンスを発揮して、常人にない芸術性を発揮しているのがデザイナーという、かつて僕も抱いていたようなイメージを彼は嫌う。アイデアは無から有を生み出す奇跡なんかではない、という言葉も厳しい。小さなアイデアのかけらを引き出しにストックする、そのために世界と（その中にいる他人と）おおいに触れるよう説く。世界や他人と交わることはときに傷つくことだ。それをしろというのだから、やはり厳しい。だけど、厳しさは目的ではない、すべて世界を「よく」するためで、デザインというものの意味もそこにある、そこにしかないと水野さんは教えてくれている。

すでに単行本時に読んで、本書の「内容に」感銘を受けた人は多いだろう。だが単行本時、これらのテキストのほとんどが、見開き二ページで読み終えられることに気付いた人はいただろうか。めくるという一作業なしで、一つのことを伝えている（文庫化に合わせて、本文組みのレイアウトは変更されているが）。文字の量まで彼はきっと「デザイン」した。「よくみえる」のではない、「よい」本を書こうとしたのだということが、そのことからも分かる。

彼によって自分もデザインに関わっている、関わりうる自分を意識したことで、僕もより楽しく、よく生きている気がする。

（ながしま ゆう／小説家）

掲載作品

18ページ

多摩美術大学「オープンキャンパス2010」

CD・AD／水野学　D／上村昌　C・Pr／水野由紀子

112ページ

Francfranc「クリスマスキャンペーン」ポスター

CD・AD／水野学　D／グッドデザインカンパニー　I／カズモトトモミ

166ページ

中川政七商店

ロゴマーク　CD・AD／水野学　D／グッドデザインカンパニー

中川政七商店「遊中川　吉祥寺店」

CD・AD／水野学　店舗設計／宮澤一彦　店舗撮影／阿野太一

アイデアの接着剤《せつちやくざい》　朝日文庫

2014年４月30日　第１刷発行

著　者　水野《みずの》　学《まなぶ》

発行者　首藤由之
発行所　朝日新聞出版
〒104-8011　東京都中央区築地5-3-2
電話　03-5541-8832（編集）
03-5540-7793（販売）
印刷製本　大日本印刷株式会社

定価はカバーに表示してあります

ISBN978-4-02-261789-7

落丁·乱丁の場合は弊社業務部（電話03-5540-7800）へご連絡ください。
送料弊社負担にてお取り替えいたします。